LES
NOUVELLES
DE
MIGUEL
CERVANTES.

Traduction nouvelle.

TOME PREMIER.

A PARIS,
Chez CLAUDE BARBIN, au Palais, sur le
Perron de la Sainte Chapelle.

M. DC. LXXVIII.
Avec Privilege du Roy.

A MONSIEUR MONSIEUR MITTON,

CONSEILLER du Roy en ses Conseils, Tresorier de l'Extraordinaire des Guerres en Picardie, Artois, Haynaut, & Flandres.

ONSIEVR,

Si je ne vous offrois ces Nouvelles que pour avoir

EPISTRE.

lieu de parler de vous, je ne pourrois rien dire qui ne soit déja bien connu de tout le monde, & il est difficile d'enchérir au dessus de ce qu'on en dit. On sçait assez que les plus honnestes gens du Royaume vous consultent sur les plus beaux Ouvrages d'esprit, & on est si generalement persuadé de la delicatesse de vôtre goûst, que ceux qui l'ont le plus achevé, ne s'éloignent jamais de vôtre sentiment. Mais j'ay une raison particuliere qui m'oblige de vous témoigner publiquement ma reconnoissance. C'est,

EPISTRE.

MONSIEUR, la bonté que vous avez euë d'écouter les paroles que j'ay prestées à Cervantes pour luy faire parler nôtre Langue. Si l'on y trouve quelque agrément, & s'il a quelque succez dans le monde, je le dois aux avis que vous m'avez donnez. Ie vous prie tres-humblement, de luy continuer vôtre protection, & d'estre persuadé que je suis avec bien du respect,

MONSIEVR,

Vostre tres-humble & tres-obeïssant serviteur, C. C.

PREFACE.

LES Nouvelles de Cervantes ont toûjours esté si estimées, qu'il seroit inutile d'en faire l'Eloge; il me suffit de parler de la Traduction, elle est autant exacte que je l'ay pû faire. Les personnes qui ont lû les Autheurs Espagnols, sçavent qu'ils ont des

PREFACE.

manieres de parler qui leur sont singulieres, & qui n'auroient pas la mesme grace & la mesme force en nôtre Langue : Ils meslent aussi des discours de morale & de devotion avec ceux de galanterie. Je ne pretends pas les condamner là dessus, c'est leur goust, mais ce n'est pas le nostre. Et si je m'estois étendu comme Cervantes, à faire des descriptions

PREFACE.

de plusieurs choses qu'on trouve agreables en Espagne, je crois qu'on ne me l'auroit pas pardonné, une Nouvelle n'estant pas le lieu où il les faille placer. C'est pour cette raison que je me suis dispensé de traduire les Vers que Precieuse chante à l'honneur de Sainte Anne dans une Eglise de Madrid, le jour de sa Feste; les mysteres qu'ils

PREFACE.

contiennent sont trop saints pour les mettre dans la bouche d'une petite Egyptienne, qui, pour sage qu'elle soit, ne fait profession que de divertir le monde. Ie luy fais dire une autre Chanson qui luy convient mieux. I'ay suivy en tout cela l'avis de personnes extrémement éclairées, dont le sentiment est celuy de tous les honnestes gens. I'avouë encore

PREFACE.
que je n'ay pas traduit mot pour mot, les autres Stances, la matiere de la plufpart eſt ſi ſeiche, & les manieres de s'exprimer ſont ſi dures, qu'il ſeroit difficile d'en faire une Verſion ſuportable, au moins il me l'a ſemblé, & à quelques-uns de mes amis que j'ay cōſultez, & qui m'ont aidé ou à imiter les Vers Eſpagnols, ou à donner un ſens à certains endroits

PREFACE.

qui sont assez embarrassez, & que l'ancien Traducteur n'a rendus que d'une maniere confuse. Ceux qui lisent les Versions galantes, ne cherchent qu'à se divertir ; & pour un qui me sçaura mauvais gré de n'avoir pas mis dans la bonne avanture que dit Precieuse à la femme du Lieutenant, qu'elle est quelquefois *rude comme un Lion de Barbarie, ou comme un*

PREFACE.

Tigre, il y en a une infinité d'autres qui seront bien-aises que je me sois exprimé d'une maniere plus douce. Ceux qui sont d'une humeur si difficile, ne doivent jamais lire que les originaux, pour s'épargner le chagrin qu'ils ont des Versions les plus agreables, qui ne sont jamais assez exactes à leur fantaisie.

Dans la Nouvelle du Docteur Vidriera, il y

PREFACE.

a beaucoup de réponses qu'il fait, que je n'ay pas mises; elles sont si fades en nôtre Langue, que quand je les ay leuës aux personnes que j'ay consultées, on ne les a pû souffrir. Ie les ay donc ôtées, & en ay mis d'autres, peut-estre ne valent-elles pas mieux; mais je n'ay fait cela que par le sentiment de gens extrémement éclairez.

Extraict du Privilege du Roy.

PAR Lettres Patentes de sa Majesté, données à S. Germain en Laye le troisiéme jour de Decembre 1677. signées par le Roy en son Conseil, BENOIST, & scellées du grand Sceau de cire jaune : Il est permis au Sieur **** de faire imprimer les Nouvelles de Miguel Cervantes, Traduction nouvelle, par tel Libraire ou Imprimeur que bon luy semblera, pendant le temps de six années consecutives, avec deffenses à toutes personnes de quelque qualité & condition qu'elles soient, de l'imprimer, vendre & debiter sans le consentement de l'Exposant, ou de ceux qui auront droict de luy, à peine de confiscation des Exemplaires contrefaits, de l'amende arbitraire, & de tous dépens, dommages & interests, ainsi qu'il est plus au long contenu dans ledit Privilege.

Ledit Sieur *** a cedé son droict de Privilege à Claude Barbin, suivant l'accord fait entr'eux.

Regitré sur le Livre de la Communauté des Libraires & Imprimeurs de Paris, le 6. Iuin 1678. Signé COUTEROT, *Syndic.*

Achevé d'imprimer pour la premiere fois, le 18 Iuin 1678.

LES NOUVELLES DE MIGUEL CERVANTES.

LA JEUNE EGYPTIENNE.

IL SEMBLE que les Egyptiens ne sont au monde que pour estre larrons, ils naissent de peres larrons, ils sont élevez par-

I. Part. A

my des larrons, ils aprennent tout ce qu'il faut pour estre larrons, & à la fin le larcin leur devient si necessaire, qu'ils n'en perdent jamais le desir qu'à la mort. Une vieille femme de cette Nation, consommée dans le métier, nourrit une petite fille, qu'elle fit passer pour sa Niéce, & luy donna le nom de Precieuse. Elle luy apprit avec beaucoup de soin, tous les tours qu'elle sçavoit, & toutes les manieres necessaires pour dérober adroitement. Precieuse estoit parfaitement belle, & elle avoit une beauté si naturelle, que les chaleurs excessives, ny les injures de l'air, ausquelles les Egyptiens sont toûjours ex-

EGYPTIENNE.

posez, ne pouvoient ternir l'éclat de son visage, ny la blancheur de ses mains. Elle dansoit mieux que pas une de ses compagnes; ses manieres avoient quelque chose d'honneste, & quoy qu'elle eust toûjours esté parmy des gens rudes & grossiers, elle avoit un air à faire soupçonner que sa naissance estoit au dessus de sa fortune : Elle estoit fort éveillée, mais dans sa gayeté elle conservoit beaucoup de mesures, & ses compagnes n'osoient rien dire devant elle qui sentist le libertinage. Elle apprit des Sarabandes, des Vaudeville, & sur tout des Romances, que son ayeule demandoit à plusieurs Poëtes, &

que Precieuſe chantoit avec une grace particuliere. Elle n'avoit alors que quinze ans ; aprés avoir eſté en pluſieurs lieux de Caſtille, elle fut conduite à la Cour. Le jour qu'elle entra à Madrid, eſtoit celuy de Sainte Anne, Patrone de cette Ville. Comme il y avoit ce jour-là beaucoup de réjoüiſſance, Precieuſe accompagnée de ſept Egyptiennes, & d'un Egyptien grand danſeur, qui les conduiſoit, alla ſe mêler dans la feſte ; & quoy qu'elles euſſent toutes des habits fort propres, neantmoins Precieuſe avoit un air ſi touchant, qu'elle charmoit tous ceux qui la voyoient. Elle joüoit du tambour & des caſtagnettes, avec tant de grace, que tout le peuple eſtoit attaché à la regarder, & l'on ne parloit que de la beauté de la petite Egyptienne. La danſe eſtant finie, elle chanta quelques paroles qui venoient à propos pour la ſolemnité du jour. Ce fut alors que tout le monde fut dans le dernier raviſſement, & luy ayant donné le prix de la feſte, on la pria de chanter encore quelque choſe pour augmenter la réjoüiſſance publique. Precieuſe ayant pris ſes caſtagnettes, au ſon deſquelles elle fit encor quelques pas d'une Sarabande, commença de la ſorte.

LA JEUNE

CHANSON.

Amans qui voulez nous plaire
Connoissez bien noftre cœur,
Sur tout aimez le myftere
Et cachez voftre langueur.

Quand nous faifons les cruelles,
Perfiftez dans voftre amour;
C'eft la maniere des belles,
Vous les connoîtrez un jour.

Si fouvent voftre maîtreffe
Fait voir un petit couroux,
Profitez de fa foibleffe,
Elle fouffre plus que vous.

Quand tout bas elle foûpire
Ne foyez pas interdit,
Ecoutez ce qu'on veut dire,
Et non pas ce qu'on vous dit.

N'obligez pas une belle
A vous découvrir fon cœur,
Croyez que la plus fidelle
Cache fouvent fa langueur.

Par nos yeux & nos manieres,
Jugez de nos fentimens ;
Ce font les feules lumieres
Qui conduifent les Amans.

EGYPTIENNE.

Si vous avez bien envie
De vous conserver nos vœux,
Par un peu de jalousie
L'on peut rallumer nos feux.

Pour moy quand je suis tranquile
Je me moque d'un Amant,
Le secret le plus utile
Est de donner du tourment.

De tout faites un mystere,
Soyez toûjours plein d'ardeur;
A la fin la plus severe
Se laisse toucher le cœur.

Precieuse chanta si bien, qu'elle s'attira l'applaudissement de tout le monde. Le Ciel te benisse, petite fille, disoient les uns; c'est grand dommage, disoient les autres, qu'elle soit Egyptienne, elle meriteroit d'estre la fille d'un grand Seigneur. Il y en avoit d'autres qui ayant l'esprit mal fait, assuroient que la petite Precieuse ne commençoit pas mal. Avec le temps, ajoûtoient-ils, elle fera des siennes ; elle a des yeux bien éveillez, & on aura bien de la peine à s'en défendre. Les plus grossiers voyant qu'elle estoit si legere à danser : Courage ma belle, disoient-ils, redoublez vos pas. Je le fais aussi, répondoit-elle, sans quitter la cadance. La feste de ce jour estant finie, Precieuse se retira un peu fatiguée, ayant tellement ravy tout le monde, qu'on ne parloit que d'elle. Quinze jours aprés elle retourna à Madrid, accompagnée de trois de ses camarades, avec des castagnettes, la memoire remplie de chansons gayes & honnestes : Elle sçavoit aussi des danses nouvelles. La vieille Egyptienne qui l'appelloit sa niéce, ne la quittoit jamais, craignant qu'on ne la luy enlevast. Elles se mirent toutes quatre à danser au milieu d'une ruë, l'on accourut d'abord pour la voir, & pendant qu'elle dansoit, la vieille demandoit la croix à toute la compagnie. Chacun luy donnoit ; car une belle fille peut éveiller la charité quand elle est endormie. Aprés qu'elle eût dansé ; si l'on me donne encor quelque chose, dit-elle, je chanteray moy seule un Romance qui fut fait quand la Reine releva de couche ; il est tres beau, & l'on aura du plaisir à l'entendre. A peine Precieuse eut achevé de parler, que tous ceux qui estoient presens, luy donnerent plus qu'elle ne voulut; la vieille ne pouvoit recevoir l'argent qu'on luy jettoit de tous côtez. Aprés cette liberalité, Precieuse prenant ses castagnettes, chanta les paroles suivantes.

STANCES.

ENfin voicy le jour que nôtre grande Reine
Paroist les yeux remplis d'appas;
Les graces, qui suivent ses pas,
La prennent pour leur Souveraine.

Par tout elle répand l'éclat & la lumiere
Dont elle éblouït tous les yeux,
Comme le Soleil dans les Cieux
Elle vient fournir sa carriere.

Peuples, il n'est plus temps de répandre des larmes,

EGYPTIENNE.

Elle va tarir tous nos pleurs,
Nous n'aurons plus que des douceurs
Au lieu de cruelles alarmes.

On voit en ses beaux yeux mille amours
    qui paroissent,
Ils nous demandent tous nos vœux,
Ils marchent tout brillans de feux,
Et chargez des traits qui nous blessent.

Cette foule d'amours, ces enfans de Ci-
    there,
De son grand éclat prévenus,
Oubliant le nom de Venus,
L'accompagnent comme leur mere.

L'Inde de diamans, de ses perles l'Aurore,
Couvrent ses superbes habits,
Et l'on y voit mille rubis
Formez sur les rives du More.

Oublions nos douleurs, nostre Reine s'a-
    vance,
Elle se presente à nos yeux,
Et vient répandre dans ces lieux
Les biens, la paix, & l'abondance.

J'aperçoy à ses pieds l'Envie épouvantée,
Voyant finir ses cruautez,
Elle vomit de tous costez
Son venin, de rage agitée.

Que nos voix & nos cris, & nos chants
  d'allegresse,
Par tout aprennent nos plaisirs;
Le Ciel a comblé nos desirs,
En conservant nostre Princesse.

  Vis pleine de bon-heur, ô glorieuse Reine,
Pour voir tout le monde soûmis,
Quelque jour de tes ennemis
Tu deviendras la Souveraine.

  De combien de malheurs elle garde nos
  testes,
De nous le mal est détourné;
Que ce jour nous est fortuné
Qui va dissiper nos tempestes.

  Suivons jusqu'à l'Autel nostre grande
  Princesse,
Elle va presenter son fils;
A son zele joignons nos cris
Pour témoigner nostre allegresse.

  O grand Dieu recevez, dit-elle, en sa-
  crifice,
L'enfant que vous m'avez donné,
Qu'un jour il vive couronné;
Soyez à mes desirs propice.

  Aprés son oraison une douce harmonie
S'épandit au milieu des airs,

EGYPTIENNE.

Et par de ravissans concerts
S'acheva la ceremonie.

Quand la petite Egyptienne eut finy, on la pria de recommencer, en luy donnant autant d'argent qu'on avoit fait auparavant. Pendant qu'elle chantoit, un des Juges de la Ville vint à passer, & voyant une si grande foule de gens amassez, il demanda ce qu'il y avoit dans cette ruë. On luy répondit, que l'on regardoit une petite Egyptienne tres-belle, & qui chantoit admirablement. Le Juge s'étant approché par curiosité, écouta quelque couplet, & ne voulant pas attendre la fin du Romance, qui est une chanson Espagnole, pour ne pas blesser sa gravité, il envoya un homme à la vieille Egyptienne luy dire, qu'elle ne manquaſt pas de venir chez luy à l'entrée de la nuit, & d'y mener les petites Egyptiennes pour les faire chanter, & danſer devant ſa femme. La vieille le promit. Le Romance eſtant achevé, comme elle s'en alloit, un jeune homme bien fait s'approchant de Precieuſe, luy donna un papier plié comme une Lettre. Chantez les paroles qui ſont écrites ſur ce papier, luy dit-il, elles ſont fort jolies, je vous en donneray de ſemblables de temps en temps, afin que vous ayez toûjours quelque choſe de particulier. Vous me ferez plaiſir, luy répondit Precieuſe, je les recevray de

EGYPTIENNE.

bon cœur, pourveu qu'elles soient honnestes; & si vous voulez que je vous les paye, je le feray, mais ce sera quand je les auray chantées; car avant cela, vous ne devez pas vous y attendre. Vous pourriez, reprit le jeune homme, me les payer par avance, je vous en serois obligé, à condition que s'il y avoit quelques chansons qui ne vous plûssent pas, elles n'entreroient point en compte. J'auray donc la liberté de choisir, dit-elle. En achevant ces paroles, elle se trouva dans une ruë tout contre une fenestre grillée, qui estoit fort basse, d'où quelques personnes appellerent les Egyptiennes. Precieuse s'étant approchée, vid une salle tres-propre, & plusieurs Cavaliers, dont les uns se promenoient, & les autres se divertissoient à des jeux differents. Messieurs, leur dit-elle, y a-t-il quelque chose à gagner avec vous. La voix de Precieuse leur ayant fait tourner les yeux de son côté, & la voyant si belle, ils quitterent leur jeu & leur entretien, & vinrent tous à la fenestre grillée. Ils la connoissoient déja par reputation, & la priant d'entrer avec ses compagnes, ils leur promirent quelque chose. Cela nous coûteroit bon, répondit Precieuse, vous nous feriez quelque malice. Non, reprit un de la Compagnie, tu ne dois rien craindre de nous.

Foy

Foy de Cavalier, ajoûta-il, mettant la main sur une croix de Calatrava qu'il portoit, on ne touchera pas seulement le bout de ton gand. Precieuse si tu veux entrer, luy dit une de ses compagnes, tu le peux faire ; tu iras seule, pour moy je ne vais point où il y a tant d'hommes. Cristine, répondit Precieuse, il se faut garder d'un homme seul, & non pas de plusieurs, qui sont dans le mesme lieu; la compagnie oste tout le danger que l'on trouve seul à seul ; quand on veut estre sage, une Armée ne feroit pas changer de resolution : Il est pourtant bon de ne pas se jetter dans les occasions dangereuses. Entrons donc, dit

Cristine, car tu raisonnes mieux qu'un Philosophe. Quand elles furent dans cette salle, toûjours conduites par la vieille Egyptienne, un Cavalier de la compagnie voyant un papier qui sortoit à demy du sein de Precieuse, le luy tira. Je vous prie, luy dit-elle, rendez-moy ce papier ; c'est un Romance qu'on vient de me donner tout à l'heure. Je ne l'ay pas encore lû. Tu sçais donc lire, petite Egyptienne, luy dit le Cavalier ? Elle écrit fort bien aussi, répondit la vieille ; je l'ay élevée comme une fille de condition. Le Cavalier ayant ouvert le papier, & trouvant dedans un escu d'or: Ho, ho, dit-il, ce papier est

EGYPTIENNE.

assez precieux. Tiens, prens cet escu. Je voy bien, dit-elle, que l'on m'a traitée comme une pauvre fille: N'importe, c'est une chose plus étrange à un Poëte, de m'avoir donné un escu d'or, qu'à moy de le prendre. Si les Romances qu'il me donnera doivent toûjours estre accompagnez de la sorte, il me fera grand plaisir de copier separément tous ceux qui sont dans le Romancier general, ils seroient les bien venus, & je leur ferois un accüeil fort agreable. Elle plaisantoit de si bonne grace, que les Cavaliers estoient ravis de l'entendre. Je vous prie, continua-elle, de lire les paroles de ce papier, nous verrons si le Poëte est aussi habile, qu'il paroist liberal. Le Cavalier trouva ce qui suit.

STANCES.

PEtite Egyptienne il n'est rien de charmant,
Que ce qu'on voit sur ton visage;
Mais le sort en naissant te fit le cœur volage,
Et tu ris des maux d'un Amant.

Tes regards languissans armez de mille traits,
Gravent ton amour dans mon ame;
Je n'ose découvrir la grandeur de ma flâme,
C'est l'ouvrage de tes attraits.

Helas ! pourquoy le Ciel pour moy trop rigoureux,
Te fit naistre avec tant de charmes ;
Ne sçavoit-il pas bien qu'il te donnoit des armes
Dont tu ferois des mal-heureux.

Precieuse tu voy l'excez de mes douleurs,
En te regardant je soupire ;
Je tasche de parler, & sans pouvoir rien dire,
Je sens que j'aime, & que je meurs.

Mon cœur toûjours constant pousse mille soûpirs,
Il te demande à tout le monde;
Cependant je te vois dans une paix profonde,
Sans songer à mes déplaisirs.

Cruelle que me sers de te dôner ma main,
Pour dire ma bonne avanture;
Le destin qui produit tous les maux que j'endure,
Est-il devenu plus humain.

Le bonheur que je veux est d'estre sous ta loy,
Un regard feroit ma fortune;
Sans ton cœur, la grandeur me seroit importune,
Je la mets à mourir pour toy.

Mais pourquoy si long-temps te parler de mes feux,
L'amour ne veut point de misere;
Et le sort d'un Amant est toûjours de se taire,
Quand il est pauvre & malheureux.

Quoy, dit Precieuse, il acheve son dernier Vers, en faisant entendre qu'il est pauvre ; c'eſt un mauvais ſigne, les Amans ne doivent jamais dire cela, ſur tout dans le commencement de leurs amours; car la pauvreté eſt un grand obſtacle pour toucher le cœur d'une Dame. Qui t'aprens tout ce que tu dis, petite Egyptienne, dit l'un de la compagnie ? Ne ſuis je pas en âge de le ſçavoir, répondit Precieuſe ; croyez-vous qu'à quinze ans on ne connoiſſe pas les choſes ; les Egyptiennes ne ſont pas ſi ſottes que vous penſez, nous ne vivons que d'adreſſe, & cette raiſon vous doit faire comprendre que nous n'avons pas l'eſprit endormy. Vous voyez bien mes compagnes, elles ne diſent mot ; mettez-leur le doigt dans la bouche, & vous verrez ce qui en arrivera : Il n'y a parmy nous aucune fille de douze ans, qui n'en sçache plus qu'une autre fille de trente ; & l'experience que nous avons nous en apprend plus en un jour, qu'une autre personne n'en sçauroit en six mois. Les paroles de Precieuse dites d'un air enjoüé, ravissoient tous ceux qui les écoutoient, & chacun luy donnoit quelque chose. La vieille ramassa trente reales, & bien-aise d'avoir gagné tant d'argent, elle mena sa bande chez le Juge, promettant à ces Messieurs de leur ramener Precieuse un autre jour pour les divertir.

Claire la femme du Juge,

sçachant que les Egyptiennes devoient aller chez elle à l'entrée de la nuit, les attendoit avec ses femmes, & quelques-unes de ses voisines, qu'elle avoit prié de venir prendre part au divertissement. A peine les Egyptiennes furent entrées, que Precieuse parut avec un éclat particulier. Toutes ces Dames se mirent d'abord autour d'elle, pour la voir: Les unes l'embrassoient; les autres estoient charmées de sa beauté; celles-cy luy donnoient mille benedictions, & quelques autres loüoient tout ce qu'elle avoit. Claire admiroit ses cheveux blonds, & ses yeux vifs; une autre Dame luy découvrant le sein,

en

en estoit ravie, elle loüoit la fossette qu'elle avoit au menton. Un vieux Escuyer de Claire qui se trouva present, ne pouvoit cesser de la regarder. Il n'y a rien au monde, disoit-il, de si gentil que la petite Egyptienne : Sçais-tu dire la bonne avanture ? Je la dis de trois ou quatre manieres, répondit-elle. Tant mieux, reprit Claire, tu me la diras, Precieuse, je t'en assure. Donnez luy seulement vostre main, dit la vieille, & mettez-y la croix, & vous verrez si elle n'en sçait pas plus qu'un Docteur. Claire ayant foüillé dans sa poche, & n'y trouvant point d'argent, en demanda à ses gens, qui se trouverent sans un double. Precieuse voyant leur pauvreté, toutes les croix sont bonnes, dit-elle, neantmoins celles d'or ou d'argent sont les meilleures, & de la faire avec vne piece de cuivre cela diminuë la bonne avanture; j'aurois bien envie qu'on me la fist avec une piece d'or, ou au moins avec un escu, car je ressemble aux Curez, qui sont bien-aises de recevoir une bonne offrande. Tu as trop d'esprit, petite friponne, luy dit une des Dames, & s'adressant à l'Escuyer, vous n'estes pas sans argent, continua-elle, prestez-moy, je vous prie, une piece de vingt sols, mon mary vous la rendra. Il est vray, répondit Contrera (c'est le nom de l'Escuyer) j'en avois une, mais hier au soir allant souper au cabaret, je l'engageay pour dix-neuf sols. Prestez-les moy, & j'iray la querir tout à l'heure pour vous la donner. Nous ne pouvons entre toutes faire un sol, reprit Claire, & vous nous en demandez dix-neuf: Allez, Contrera, vous ferez toûjours impertinent. Une des femmes de Claire voyant que pas une n'avoit un denier, Precieuse, luy dit elle, peut-on faire la croix avec un Dé d'argent. Fort bien, répondit-elle, pourveu que tu en apportes plusieurs. J'en ay un, reprit la Demoiselle, si tu le veux je te le donneray, à condition que tu me diras

aussi la bonne avanture.
Quoy pour un Dé, reprit la
vieille, dire tant de bonnes
avantures. Acheve viste, ma
fille, il se fait tard. Precieuse
prenant le Dé & la main de
Claire, luy dit ces paroles.

MA belle baille-moy ta main,
Ton cœur n'est pas trop inhumain,
Et quelque sorte de dédain
Qui paroisse par cette ligne,
Ton humeur est pour ton prochain
D'une maniere assez benigne.
Tu tiens le cœur de ton mary,
Il t'aime de toute son ame ;
Mais prend garde ma bonne Dame,
Que quelque jour un Favory
Ne vienne partager la flamme
Que tu sens encore pour luy.
Que le bon homme auroit d'ennuy,
Je te jure sur ma parole,
Si pareille chose arrivoit
Que rien ne l'en consoleroit.
Il t'aime comme son idole,
Aussi tu merites son cœur,
Ton esprit est plein de douceur,

EGYPTIENNE.

Tu parois si bonne personne,
Que tu vaux plus d'une Couronne.
Ce n'est pas qu'en l'occasion
Une petite émotion
Comme tu le sçais, ne t'altere;
Mais ce n'est rien, & ta colere
Passe aussi viste qu'un éclair
Qui paroist au milieu de l'air.
Prends garde que la jalousie
Ne te vienne pas tourmenter,
C'est une grande maladie
Qu'il ne faut jamais souhaiter.
Cependant dans ta main, je vois
Qu'elle te trouble quelquefois;
Il n'est rien qu'alors tu ne frondes,
Tu te dépites, & tu grondes
Contre tous ceux de ta maison :
Sçavoir si c'est avec raison,
Je n'oserois pas te le dire;
Mais voicy bien de l'embarras,
Cette ligne ne me plaist pas.
Trois maris.... helas ! je soûpire,
A trois maris par le destin
Lors que le tien aura pris fin,
Tu seras bien viste liée;
Lors tu seras mortifiée,
Ne pleures pas pour ce sujet,
Cela n'est pas encore fait ;
Et ce que dit la plus habile
N'est pas toûjours mot d'Evangile.
Un heritage te viendra,

Je le prévoy par cette ligne,
La fortune sera benigne
A ton fils, qui possedera
Justement & sans simonie,
Une assez bonne Chanoinie.
Je vois ce qui te faschera,
Le Canonicat qu'il aura
Ne sera pas un de Tolede,
Mais à cela point de remede ;
Le sort sur nous fait ce qu'il veut,
Et chacun cherche ce qu'il peut.
Pour ta fille qui n'est pas laide,
Et qui n'a pas la mine froide,
Si son cœur soûpire souvent,
Ce n'est pas aprés un Convent.
Vois-tu la ligne qui traverse,
Prend garde, ce n'est pas un jeu;
Elle te menace dans peu,
De quelque cheute à la renverse;
Evite-la si tu le peux,
Car pareils coups sont dangereux.

Precieuse ayant achevé de dire à Claire la bonne avanture, fut pressée de toutes les autres, qui avoient une grande envie de sçavoir la leur: Elle remit au Vendredy suivant à les satisfaire. Comme elle prenoit congé de la compagnie, le Juge arriva, à qui l'on dit des merveilles de la petite Egyptienne; il la fit danser pendant quelque temps, & estant ravy de la bonne grace qu'elle avoit, il chercha dans sa poche quelque piece pour luy donner; mais ayant bien foüillé sans rien trouver: Je vous prie, dit-il à Claire, donnez une reale à la petite Precieuse, & je vous la rendray. Je serois bien empeschée, luy répondit sa femme, de faire ce que vous me demandez; entre nous toutes qui sommes icy, nous n'avons pû trouver une maille. Donnez-luy donc quelque petite chose, en attendant que nous la regalions mieux la premiere fois qu'elle reviendra : Au contraire, répondit elle, afin que nous la voyons bien-toſt, ne luy donnons rien. Ne croyez pas cela, répondit Precieuſe, je vous aſſure que ſi je n'ay rien preſentement, vous ne me verrez plus ; & ſi je reviens, je croiray toûjours que vous ne me donnerez pas plus que vous auriez fait aujourd'huy. Puis adreſſant ſa parole au Juge, faites quelques tours du métier, luy dit-elle, vous ſçavez bien l'air dont il ſe faut prendre pour amaſſer de l'argent : Vous avez beau faire, ſi vous n'introduiſez quelque nouvelle coûtume, vous eſtes en danger de mou-

EGYPTIENNE.

rir de faim. Voyez-vous, Madame, dit-elle à Claire, quoy que je fois encore bien jeune, je sçay qu'on ne prend les Charges mediocres que pour se mettre en estat d'en avoir de grandes, par quelque voye que ce soit. Il est vray, répondit le Juge, que les gens sans conscience en usent de la maniere que tu dis; mais quand on veut faire son devoir, on ne s'établit que sur le pied d'un homme équitable, & souvent le seul merite nous éleve à de plus grandes dignitez. Vous parlez comme un Saint, repliqua Precieuse, & j'aurois envie de vous couper un bout de vostre robe pour le faire enchasser comme une relique. Tu en sçay beaucoup Precieuse, reprit le Juge, & tu vaux bien la peine que le Roy te voye. Je feray mon possible pour t'y faire presenter. A quel usage me mettroit le Roy, repartit la petite Egyptienne, si ce n'est que je fusse sa boufonne; mais je n'aurois pas assez d'esprit pour le faire rire. S'il vouloit me souffrir en qualité de fille sage, à la bonne heure, quoy que je sçache bien qu'à la Cour les Comediens y soient plus considerez que les honnestes gens, je me trouve fort bien d'estre Egyptienne, & pauvre; que la fortune fasse tout ce qu'elle voudra, je ne la crains point, & je la défie de rien entreprendre sur moy qui ne soit à mon avantage. Je vas où le Ciel me conduit, je vis sans chagrin & sans inquietude, je ne demande pas un plus grand bon-heur. Tu parles beaucoup, ma fille, luy dit la vieille Egyptienne, & tu dis bien des choses que je ne t'ay pas apprises; ne t'embarasses pas dans des discours si relevez, parles de ce qui est conforme à ton âge ; quand on s'éleve si haut, on est souvent sujet à de grandes cheutes. Ces Egyptiennes ont bien de l'esprit, dit alors le Juge. Comme la vieille se mettoit en estat de les ramener, la Demoiselle qui avoit donné le Dé à Precieuse, vouloit qu'elje le luy rendist, ou qu'elle luy dist la bonne avanture. Ne conte plus sur ton Dé, répondit Precieuse, je l'ay gagné, fais provision d'un autre pour Vendredy prochain, je te diray plus d'avantures que l'on n'en peut trouver dans un Romant. Là dessus elles sortirent de la maison du Juge, & se joignans à plusieurs filles qui alloient à leur Village, elles retournerent en leur quartier.

Un matin les Egyptiennes revenans à Madrid, apperceurent dans un petit valon, à un quart de lieuë de la Ville, un jeune homme bien fait, qui avoit un habit magnifique, la garde de son épée &

de sa dague estoient semées de pierreries, & son chapeau estoit chargé de plumes de differentes couleurs. Les Egyptiennes s'arresterent quelque temps à le considerer, & s'étonnerent de voir si matin un beau jeune homme seul dans ce lieu, où il alloit à pied. Il marchoit de leur costé, & s'estant approché d'elles, il tira à part la vieille Egyptienne, & Precieuse, les priant d'écouter les choses qu'il leur vouloit dire. La vieille y consentit, à condition qu'elles ne s'éloigneroient pas beaucoup des autres, & que ses paroles ne les amuseroient pas en chemin. Il y a déja si long-temps, leur dit ce jeune homme, que j'ay de l'amour pour Precieuse, qu'il m'est impossible de ne pas vous le découvrir : Quelque violence que je me sois faite pour ne pas l'aimer, je n'ay pû en venir à bout, & je suis plus touché que jamais des charmes qui sont en elle. Mesdames, si le Ciel favorise mes desseins, je vous appelleray toûjours de la sorte. Je suis Gentilhomme, comme vous voyez, par la marque que je porte. En achevant ces paroles, il ouvrit son juste-aucorps, & fit voir la verité de ce qu'il disoit. Je suis fils unique, & assez riche des biens de la fortune, pour ne rien souhaiter de plus. Mon pere qui est à la Cour, espere d'y avoir une Charge confiderable, & la chose est presque faite ; neantmoins quoy que ma naissance soit connuë, je voudrois estre plus grand Seigneur que je ne le suis, pour mettre Precieuse dans un rang plus élevé en l'époufant. Je ne pretends point vous tromper par mes paroles, je vous aime trop sincerement pour en avoir le dessein, je ne demande que les occasions de vous en faire connoître la verité. Si je puis vous persuader ce que je vous dis, je m'estimeray fort heureux, & si vous doutez de ma tendresse, vous me donnerez beaucoup de déplaisir. Mon nom est Dom Jüan de Carcame, je vous ay déja dit celuy de mon pere, vous sçavez sa maison, & vous trouverez à la Cour & ailleurs, plusieurs personnes qui le connoissent. J'ay apporté cent écus d'or pour vous donner, je vous prie de les recevoir, comme un témoignage de mon affection; & soyez persuadée, belle Precieuse, que je ne souhaite rien tant, que de vous faire part de tous les biens que me peut donner la fortune. Precieuse ayant escouté fort attentivement les paroles de Carcame, qui ne devoient pas luy déplaire, se tournant du costé de la vieille Egyptienne: Je vous demande pardon, luy dit-elle, si je prends la liberté de répondre aux discours que vient de me faire

faire ce jeune homme. La vieille ayant consenty qu'elle luy parlast, Precieuse commença de la sorte. Quoy que je sois une pauvre Egyptienne, & que ma naissance soit extremement basse, je ne laisse pas d'avoir de grands sentimens qui me portent à des choses relevées. Les promesses ny les presents ne me touchent point, je ne me laisse pas fléchir à la complaisance, & toute jeune que je sois, j'ay assez d'esprit pour me deffendre contre toutes les finesses de l'amour. Je sçay qu'une passion violente fait entreprendre des choses extraordinaires, qui finissent souvent par des mal-heurs, & quand un Amant a obtenu ce qu'il desire, il ouvre les yeux sur les actions qu'il a faites, & il est le premier à condamner ses emportemens. Ces raisons m'ont toûjours empesché de croire les paroles des hommes, la vertu est le seul bien que je possede, je le veux conserver toute ma vie, & il n'y a ny fortune ny grandeur qui puisse me faire changer de sentiment. Ainsi Carcame, si vous avez quelque dessein sur moy, ne croyez pas d'en venir à bout que par le mariage, c'est la seule chose à laquelle je puis consentir, & encore faut-il auparavant que vous me promettiez de venir passer deux ans avec nous. Vous prendrez l'habit d'Egyptien, vous me verrez tous les jours, & si aprés ce temps-la, qui est assez long pour bien connoître nos inclinations, vous estes satisfait de moy, & que je sois contente de vous, je consentiray à vous épouser; jusqu'alors je ne vous regarderay que comme mon frere, & comme une personne pour qui j'auray beaucoup de respect. La proposition que je vous fais ne vous est pas desavantageuse. Pendant les deux années que vous serez avec nous, vous considererez mieux la chose que vous souhaitez, & ayant repris la raison que vous avez peut-estre perduë, vous aurez de l'aversion pour ce qui fait presentement tout vostre plaisir.

Voyez si vous pouvez vous resoudre à mener la vie que je vous propose, je me mets à ce prix-là, & si elle vous est desagreable, il ne faut plus que vous pensiez à l'affection que vous m'avez témoignée. Ce jeune homme écoutoit avec beaucoup d'attention, & tenant les yeux attachez à terre, il songeoit à ce qu'il devoit répondre : Ce qui obligea Precieuse d'ajoûter, que l'affaire qu'ils proposoient n'estoit pas de si petite consequence, qu'on pûst la resoudre dans le lieu où ils estoient. Retournez à la Ville, continua-elle, pensez à ce qui est le plus conforme à une personne de vostre qualité, & si vous avez quelque chose à me dire, vous me pourrez trouver icy en allant à Madrid, ou lors que nous en revenons. Ma chere Precieuse, répondit le Gentilhomme, quand j'ay eü le dessein de vous aimer, je me suis déterminé à toutes les choses que vous voudriez me demander; & quoy que je n'eusse jamais pensé que vous m'obligeassiez à estre Egyptien, neantmoins j'y consens de tout mon cœur. Dites-moy seulement le temps auquel vous voulez que je m'habille à vostre maniere; je souhaiterois que ce fust bientost; je ferois semblant d'aller en Flandres; je tromperois mon pere par un semblable voyage; je luy demanderois de l'argent, & je ne ferois que peu de jours à me faire équiper. Pour les gens qu'on me donneroit pour me servir, je ne m'en mettrois pas en peine ; je sçay un moyen aisé pour leur cacher mon dessein : Je vous prie seulement d'une chose, si vous n'allez aujourd'huy à Madrid, n'y allez pas davantage ; vous y estes extremement aimée, & je crains que quelque occasion ne me fasse perdre vostre cœur, que j'estime plus que tous les biens du monde. N'apprehendez rien, luy répondit Precieuse, je n'écouteray les discours de personne, confiez-vous à moy, & soyez persuadé qu'un amour qui commence par la jalousie, est suivy de beaucoup de douleur. Tu dis des miracles, ma fille, reprit la vieille Egyptienne, & je suis seure qu'un Docteur en sçait moins que toy. Tu parles parfaitement de l'amour & de la jalousie ; petite folle où en as-tu tant appris, je t'écoute comme une personne qui parle des choses qu'elle n'entend pas. Ma mere, répondit Precieuse, tout ce que j'ay dit de l'amour n'est rien, à comparaison de ce que j'en pense. Precieuse parloit avec tant d'esprit, & de si bonne grace, qu'elle charmoit ce Cavalier, qui ne pouvoit la quitter ; neantmoins estant convenu de se voir quelques jours aprés, au mesme lieu où ils estoient, le jeune homme promit de leur dire l'estat où il auroit mis ses affaires; & ayant tiré une bourse en broderie, où il y avoit cent écus d'or, il la donna à la vieille Egyptienne. Precieuse fit son possible pour obliger sa mere de la refuser. Que tu es folle, ma fille, luy répondit-elle; un homme peut-il donner une plus grande marque qu'il est vaincu, que de rendre les armes; il n'est rien tel que de prendre, comme dit le Proverbe; & suis je venuë au monde pour faire perdre aux Egyptiennes le bruit qu'elles ont toûjours eü d'estre avares. Quoy, tu veux que je refuse cent écus d'or, que je puis

coudre

coudre au ply d'une robe de quatre deniers, & les tenir cachez avec le mesme soin qu'on a pour prendre le droict sur les herbes de l'Estramadoure. Si quelqu'un de nostre troupe tomboit par hazard entre les mains de la Justice, peut-on trouver pour en sortir, un amy plus grand que l'argent. Je ferois sonner cette bourse à l'oreille du Juge, & je suis seure qu'il m'accorderoit ma demande. J'ay moy-mesme l'experience de ce que je te dis; j'ay esté trois fois en danger d'estre punie pour trois crimes differents que j'avois faits: La premiere, je m'en tiray par le moyen d'un bassin d'argent; un collier de perles me sauva la deuxiéme fois ; & la derniere ce fut une somme assez considerable que j'avois gagnée. Considere, ma fille, que nous faisons un métier dangereux, il est sujet à mille accidens, & il n'y a que l'or qui nous en puisse garantir, quand les Officiers de la Justice nous tiennent, ils se font un poinct de conscience de nous ruiner, nous avons beau leur dire nostre misere, ils n'en croyent rien, ils s'imaginent que nous sommes toutes cousuës de pistoles, & ils sont plus acharnez sur nous, que sur les voleurs de grands chemins. Je vous en prie ma mere, dit Precieuse, n'en dites pas davantage, on voit bien par toutes vos raisons, que vous voulez garder la bourse: Hé bien, gardez-la, je souhaite qu'elle vous profite, puissiez-vous l'emporter avec vous dans le tombeau, afin qu'on ne la voye jamais; cependant songez à mes compagnes, il leur faut donner quelque chose, car il y a déja long-temps qu'elles nous attendent, & je m'imagine qu'elles se sont beaucoup ennuyées. Elles verront aussi bien l'argent que j'ay, repliqua la vieille, qu'elles voyent presentement le grand Turc; ce Gentil-homme a peut-estre quelques sols dans sa poche, & il les leur partagera; il n'en faut pas davantage pour les réjoüir, car elles se contenteront de peu. Le jeune homme ayant encore quelques reales, les donna aux trois petites Egyptiennes, avec quoy elles demeurerent plus joyeuses que si elles avoient gagné un million. Enfin ils prirent leurs mesures pour se voir dans le mesme lieu quelques jours aprés, & ils dirent à ce jeune homme qu'il prit le nom d'Andrés le Cavalier, quand il seroit dans leur troupe. (nous l'appellerons ainsi dans la suite) En se separant de Precieuse Andrés n'osa pas l'embrasser, mais il se contenta de la conduire des yeux jusqu'à ce qu'elle fust arrivée aux portes de Madrid.

Precieuse estoit bien-aise de cette avanture, & commençant à sentir pour Andrés quelque sorte de complaisance, elle voulut s'informer de ce qu'il estoit, & si toutes les choses qu'il luy avoit dites de sa qualité & de ses biens, estoient veritables. Ayant passé quelques ruës de Madrid, elle rencontra celuy qui luy avoit donné le Romance, où l'on avoit mis un écu. Cét homme la voyant s'approcha d'elle, & luy demanda si elle avoit lû les Chansons qu'il luy avoit données. Avant que je vous réponde, luy dit Pretieuse, il faut que vous me disiez la verité d'une chose que je vous vas demander: Je vous la diray, répondit-il. Je veux sçavoir, repliqua Precieuse, si vous estes Poëte? Peu de gens, repartit le jeune

E iij

homme, ont droict de prendre ce nom, pour moy je ne l'ay point, mais je sens beaucoup d'inclination pour la Poësie, & quand j'ay affaire dans l'occasion de quelques vers, je n'importune point mes amis, j'ay fait ceux que je vous ay donnez, & ceux-cy que je vous prie de prendre; cependant je ne suis point Poëte, Dieu m'en garde. Et quand vous le seriez, dit Precieuse, croiriez-vous faire un grand mal ? Je ne dis pas, répondit ce jeune homme, que ce fust un grand mal; mais aussi il faut avoüer, que de n'avoir autre métier que de faire des vers, ce n'est pas un grand bien, la Poësie est une chose dont il ne faut pas user tous

EGYPTIENNE.

les jours ; ce n'est pas qu'elle ne soit tres-belle, & qu'elle ne charme souvent le cœur, la solitude luy plaist, les ruisseaux & les prez l'entretiennent, elle aime à cueillir des fleurs & à estre auprés des fontaines, elle erre quelquesfois dans les Forests, où elle se desennuye, & elle instruit tous ceux qui sont capables de la connoître. Avec tous ces grands avantages, reprit Precieuse, j'ay toûjours oüy dire qu'elle estoit fort pauvre, & quelquefois reduite à la derniere misere ; au contraire, répondit le jeune homme, tous les Poëtes sont riches, parce qu'ils sont tous contents de leur fortune. Peu de personnes sont capables de

de comprendre cette Philosophie; mais pourquoy m'avez-
vous fait cette question? En
voicy la raison, répondit Precieuse: Je sçavois que les Poëtes estoient pauvres, cependant je fus surprise de voir un
écu d'or dans le Romance
que vous me donnastes ces
jours passez; mais presentement que je suis informée que
vous n'estes pas Poëte, mais
que vous n'avez que quelque
inclination pour la Poësie, je
ne m'étône plus que vous ayez
de l'argent; cependant je doute que vous en ayez beau-
coup, car en le distribuant
avec vos Romances, vous en
diminuez bien la quantité, &
les Poëtes ne sçavent ny conserver le bien qu'ils ont, ny

aquerir celui qu'ils n'ōt pas. Je ne suis point de ceux-là, repliqua le jeune homme, mon bien n'est pas extraordinaire, mais j'en ay assez pour pouvoir donner un & deux écus sans que j'en sois incommodé. En achevant ces paroles, il luy presenta un papier, où il y avoit un autre écu d'or, la priant de le prendre sans penser s'il estoit Poëte, ou s'il ne l'estoit pas. Plûst au Ciel, ajoûta-il, que je pusse vous donner des choses considerables, vous verriez jusqu'où pourroit aller ma liberalité. Precieuse ayant pris le papier, sentit l'écu d'or qui y estoit plié : Ce papier, dit-elle, contient assurément un grand nombre de belles choses ; je n'en veux pas tant, & je n'en prendray point, si nous ne les partageons ; Je ne veux point tant de richesses, je me contente de celles-cy, ajoûta Precieuse, en luy montrant les vers qu'elle retenoit ; pour le reste il vous appartient. Là dessus elle luy rendit l'écu d'or, qu'il fut contraint de reprendre. Je ne vous regarde, continua elle, que comme Poëte, sans pretendre de recevoir de vous aucun present : Croyez-moy, demeurons-en là, afin que nostre amitié dure long-temps. Le jeune homme quitta Precieuse fort satisfait, & voyant qu'elle luy avoit parlé avec tant de douceur, il crût avoir quelque part en son affection.

Comme elle cherchoit la ruë où estoit la maison du pere d'Andrés, elle regardoit de tous costez sans s'amuser en aucun endroit. En peu de temps elle la trouva, & estant au milieu elle leva les yeux sur un Balcon doré, qui estoit la marque qu'Andrés luy avoit donnée. Elle y vid un Gentilhomme d'environ cinquante ans, assez grave, qui avoit sur son habit une grande croix. A peine ce Gentilhomme eut apperceu les petites Egyptiennes, qu'il les appella ; d'autres Cavaliers qui estoient dans une Salle prochaine, entendant la voix de ce Gentilhomme, allerent sur le Balcon. Andrés se trouvant parmy eux, se sentit tellement frapé de la veuë de Precieuse, qu'il fut quelque temps sans couleur, & il pensa s'évanoüir. Toute la bande monta dans la salle, excepté la vieille, qui resta en bas, avec les domestiques, pour s'informer adroitement de ce qu'Andrés luy avoit dit. D'abord que Precieuse parut, ce Gentil-homme la regardant, dit que c'estoit-là sans doute cette petite Egyptienne, si belle, qui faisoit tant de bruit à la Cour. C'est elle-mesme, répondit Andrés, & je ne pense pas qu'on puisse rien voir de plus charmant. Tout le monde le dit, répondit Precieuse en riant; mais en verité on se trompe de beaucoup. Pour jolie, je ne

EGYPTIENNE. 61

dis pas que je ne le ſois, mais que ma beauté ſoit au poinct que l'on croit, je ne le penſe pas. Je jure par la vie du petit Dom Jüan mon fils, reprit le Gentilhomme, que tu es encore plus belle que l'on ne te fait. Et qui eſt voſtre fils, demanda Precieuſe ; c'eſt ce jeune garçon, répondit le Cavalier, qui eſt auprés de toy. Ma foy, reprit Precieuſe, je croyois que vous juriez par la vie d'un enfant de deux ans : En verité, voila un joly petit Dom Jüan, qui n'en mourroit pas, s'il eſtoit marié. Je voy une marque ſur ſon front, qui me fait juger qu'avant que trois années ſe paſſent, il le ſera ſelon ſes deſirs, pourveu qu'il ne change pas la resolution où je voy bien qu'il se trouve. Je crois que la petite Egyptienne, dit l'un de la compagnie, n'entend pas mal son métier. Les trois compagnes de Precieuse s'estant retirées seules en un coin de la salle pour n'estre pas entenduës; c'est-là sans doute, leur dit Cristine tout bas, le jeune homme qui nous a donné de l'argent ce matin. Il est vray, répondirent les autres, c'est luy-mesme, neantmoins ne luy disons rien, s'il ne nous parle le premier, car peut-estre ne veut-il pas estre connu. Pendant que ces trois Egyptiennes s'entretenoient seules, Precieuse répondit à celuy qui l'avoit loüée de sçavoir dire la bonne avanture, qu'elle devinoit toûjours ce qu'elle voyoit. En ce qui touche Dom Jüan, ajoûta-elle, j'ay une science particuliere pour le connoiſtre, sans regarder les lignes de sa main, & vous allez voir si je luy diray la verité. Tu es un peu amoureux, luy dit-elle, en le regardant, & ton amour eſt fort sujet à la jalouſie : Tu promets souvent des choses qui paroiſſent impoſſibles ; je prie le Ciel que tu ne sois pas menteur, ce seroit le pire qui te pourroit arriver. Dans peu de temps tu entreprendras un long voyage, mais tu n'iras pas où tu penses, car l'homme propose & Dieu dispose, & au lieu d'aller d'un coſté tu pourrois bien paſſer de l'autre. Je t'avouë, petite Egyptienne, répondit Dom Jüan, que tu as connu beaucoup de choses qui sont en moy; mais si tu crois que je sois menteur, tu te trompes, je me piques de dire la verité autant que personne du monde. Pour le voyage, tu as deviné, je pars au premier jour pour la Flandre, & je serois fort fasché que ta prediction fust veritable, en trouvant par le chemin quelque obstacle qui me fist changer de resolution. N'aprehendes rien Dom Jüan, reprit Precieuse, tout ce que je dis n'est pas mot d'Evangile, demande le secours du Ciel, & tout ira bien. Je voudrois seulement te persuader, que tu demeurasses auprés de ton

ton pere, pour le consoler dans sa vieillesse : Car à te dire vray, je ne goûte point les voyages, sur tout en un jeune garçon de ton âge : Fortifie-toy encore quelque temps, pour estre capable de suporter les fatigues de la guerre. Tu as un ennemy dans ton cœur, qui n'est pas des moins difficiles à combattre, l'amour te donne des assauts, & te jette quelquefois dans de grandes inquietudes: Crois-moy, tasche de le vaincre, & avant que te marier considere bien ce que tu feras. Pour ces bons avis que je viens de te dire, donne-moy quelque chose, je t'en prie, par le merite que je vois en toy ; car en verité tu me parois honneste homme, & si avec cette qualité tu sçais tenir ta parole, je m'estimeray glorieuse d'avoir deviné tout ce qui te regarde. Je t'ay déja dit, petite Egyptienne, reprit Dom Jüan, que tu me connoistrois entierement, si tu ne me soupçonnois pas d'estre menteur. Là dessus tu ne me fais pas justice, je te jure que la parole que je donne au champ, je la tiens à la ville, & je me suis toûjours persuadé que d'estre fidele à ses promesses, c'est le veritable caractere d'un Gentilhomme. Mon pere te donnera quelque chose, ajoûta-il ; car pour moy je n'ay rien. Ce matin j'ay rencontré de belles Dames, à qui j'ay donné de tout mon cœur tout ce que j'avois ; il y en avoit une principalement qui m'a ravy, & plûst au Ciel que celle-là eust voulu prendre mon cœur, & qu'elle fust perſuadée de toutes les paroles que je luy ay dites. Criſtine entendant ce diſcours ; je veux mourir, dit-elle bas à ſes compagnes, ſi Dom Jüan ne parle de l'argent qu'il nous a donné ce matin. Il n'y ſonge pas, répondit une autre, il parle de Dames, nous ne le ſommes point ; & puis qu'il aſſure qu'il ne ment jamais, il ne voudroit pas le faire en cette occaſion. Quand il mentiroit là deſſus, il ne feroit pas un grand crime ; ce ne ſeroit que de l'honneur pour luy d'avoir eſté liberal avec des Dames.

cependant l'on ne nous fait point danser, & nous ne gagnons rien icy. Alors la vieille Egyptienne monta dans la salle, & dit à Precieuse d'achever bien-tost, qu'il y avoit bien des affaires. Et qu'avez-vous, répondit Precieuse: Est-ce un garçon, ou une fille? C'est le plus joly garçon, répondit la vieille, parlant en termes couverts de l'amour de Dom Jüan, que tu ayes jamais veu. Je t'en diray des choses admirables. Dieu veüille, reprit Precieuse, que cet enfant ne meure pas? Ne crains point, tout ira bien. Le pere de Dom Jüan luy demanda, si elle venoit d'accoucher quelque Dame. J'en viens tout à l'heure, répondit la vieille, la chose s'est faite si secretement, qu'il n'y a que Precieuse, un jeune homme & moy, qui la sçachions, & je ne puis pas dire qui c'est. Nous ne demandons pas de le sçavoir, reprit un autre Cavalier, une femme est bien malheureuse quand elle est obligée de vous confier son secret. Nous ne sommes pas toutes si indiscretes que vous pensez, reprit Precieuse; & peut-estre s'en trouve-t'il parmy nous, qui ont autant de discretion que le plus secret de la compagnie. Sortons d'icy, ma mere, continua-elle, puisque l'on nous y estime si peu: C'est peut-estre parce que nous ne demandons rien, & que nous ne sçavons pas dérobe.

Ne te fasche pas Precieuse, reprit le pere de Dom Jüan, tu ne dois pas prendre pour toy, ce que l'on vient de dire, ton visage nous persuade assez que tu n'es pas capable d'une action basse. Je t'en prie danse avec tes compagnes quelque chose d'agreable ; je tiens un écu d'or pour te donner. A peine la vieille eut oüy ces paroles, qu'elle dit aux petites Egyptiennes de danser une Sarabande pour divertir la compagnie. Precieuse prenant d'abord ses castagnettes, commença de si bonne grace, & les autres se mêlerent si agreablement dans la Sarabande, qu'elles ravirent tout le monde. En dansant, Precieuse laissa tomber de son sein le papier que luy avoit donné ce jeune homme dont il a esté parlé auparavant. Le Cavalier qui n'avoit pas trop bonne opinion des Egyptiennes, le ramassa; & l'ayant ouvert: Voicy des Vers, dit-il, & le premier n'est pas sot. Lisons-les, nous y trouverons assurément quelque chose pour nous divertir. Precieuse qui ne les avoit pas encore lûs, le pria de les luy rendre sans les voir. L'empressement qu'elle tesmoignoit pour retirer le papier des mains de ce Cavalier, perçoit le cœur d'Andrés, qui s'imagina d'abord que Precieuse avoit un amant qu'elle vouloit luy cacher. Il desiroit d'en sçavoir la verité, & voyant que le Gentilhomme alloit lire à haute voix ce qui estoit dans le papier, écouta fort attentivement les paroles qui suivent.

SONNET.

PRecieuse en chantant paroist cent fois
  plus belle,
Et lors qu'avec ses mains elle bat le tambour,
Cet instrument de guerre en devient un
  d'amour,
Qui soûmet à ses loix l'ame la plus rebelle.

Tous ses adorateurs, quoy qu'elle soit
  cruelle,
De leur captivité benissent l'heureux jour,
Et contents de leur sort se disent tour à
  tour,
L'esprit & la beauté tout plaist, tout charme en elle.

L'éclat de ses beaux yeux fait perdre la
  raison,
Et ses cheveux bouclez font comme une
  prison
Où chaque nœud retient quelque cœur qui
  soûpire.

Mais

EGYPTIENNE. 73

Mais si trainant toûjours tout le monde enchaîné,
Elle vouloit regner dans l'amoureux empire,
L'amour mesme craindroit d'estre un jour détrosné.

Ma foy, dit celuy qui avoit lû le Sonnet, les vers sont fort jolis, & il faut que le Poëte qui les a faits ait bien de l'esprit. Ce n'est pas un Poëte, répondit Precieuse, mais c'est un fort galant homme, & qui a bien de l'honnesteté. Les paroles de Precieuse donnoient à Dom Jüan une mortelle douleur. En entendant lire le Sonnet, il avoit senty toutes les cruautez de la jalousie, & alors il fut sur le poinct de s'évanoüir. Neantmoins cet accident ne luy arriva pas, mais il perdit la couleur, en

I. Part.   G

telle maniere, que son pere s'approcha pour luy demander ce qu'il avoit. Attendez un moment, dit Precieuse, je connois son mal, ne craignez rien. Que je luy dise à l'oreille quelques paroles que je sçay, & vous verrez qu'il se portera bien. S'estant approchée de luy, vous estes fort propre à estre Egyptien, luy dit-elle tout bas. Comment suporteriez-vous nos fatigues, si vous ne pouvez resister à la peine que je vois bien que vous fait ce papier. Aprés ces paroles, Precieuse luy ayant fait quelques signes de Croix sur le cœur se retira, & le fit un peu revenir. Le pere d'Andrés surpris de la science de la petite Egyptiéne, la pria de luy écrire les mots qu'elle avoit dits à son fils, afin de s'en servir en pareilles occasions. Tres volontiers, répondit Precieuse, ils paroissent badins, mais il n'y a rien de si bon pour empescher le mal de teste & le mal de cœur, auquel les jeunes gens sont ordinairement sujets. Les voicy.

STANCES.

PEtite teste sans cervelle
Que la Lune sujette à mille changemens
Regit & fait changer d'avis à tous momens,
Ecoute mes leçons, & n'y sois point rebelle.

Sois fidelle dans tes amours,
Quoy qu'il faille souffrir ne perds point patience,
L'objet de tes desirs te permet l'esperance,
Et le Ciel te prepare un asseuré secours.

Quand on ne diroit que la

moitié de ces paroles, continua Precieuse, pourveu qu'en suitte l'on fasse quelques signes de croix sur le cœur de la personne qui souffre, elle sera parfaitement guerie. La vieille Egyptienne estoit ravie de l'adresse de Precieuse, & Andrés admiroit les petites inventions de son esprit. Elle luy laissa le Sonnet comme une chose dont elle ne se soucioit point, pour ne pas luy donner de la jalousie, car elle s'imaginoit bien que si elle l'eust pris, il en auroit eü une mortelle douleur. En le quittant, elle luy dit que tous les jours de la semaine où ils estoient, se trouvoient heureux pour entreprendre un voyage qu'elle luy conseilloit de se haster le plus qu'il pourroit ; que la vie qu'il alloit mener estoit fort agreable. Dom Jüan luy répondit, qu'il n'en trouvoit point de plus douce. Tu y auras, reprit Precieuse, encore plus de plaisirs que je ne te puis dire. Adieu, je souhaite que le Ciel fasse reüssir tes desseins comme tu le merites. Aprés ces dernieres paroles, les Egyptiennes sortirent de la maison de Dom Jüan, qui demeura fort content de Precieuse ; & ayant partagé l'Escu d'or, elles retournerent en leur quartier.

Le jour du départ d'Andrés estant venu, il prit secrettement un cheval de son pere, & n'estant suivy de personne il se mit en chemin pour aller joindre la troupe des Egyptiens. En passant dans ce valon où il avoit veu Precieuse la premiere fois, il s'y rencontra encore accompagnée de sa mere, qui le receut avec beaucoup de joye. Je vous prie, leur dit-il, avant que le jour paroisse, conduisez-moy au lieu où est vostre troupe, afin qu'en cas que mes parens me fassent chercher, l'on ne puisse pas me trouver. Comme la vieille Egyptienne estoit prudente, elle le mena par des chemins détournez dans sa cabane. D'abord plusieurs jeunes Egyptiens, tous bien faits, à qui la vieille avoit parlé du nouveau camarade qu'ils devoient avoir, s'aprocherent de luy pour le salüer, & ayant regardé son cheval, ils dirent qu'ils le pourroient vendre à Tolede. Andrés craignant qu'il ne fust reconnu de quelque amy de son pere, voulut qu'on le tuast, & qu'on l'enterrast en quelque endroit écarté. Les Egyptiens dirent à Andrés toutes les choses qu'ils pûrent, pour empescher que le cheval ne fust tué, mais ils ne gagnerent rien sur son esprit. Il craignoit toûjours, que ce cheval ne le fist reconnoistre, & pour les mettre en repos sur l'argent qu'ils pretendoient en avoir, il leur dit qu'il payeroit son entrée si liberalement, qu'ils en seroient satisfaits. On differa jusqu'à la nuit la mort du cheval,

& on employa tout le jour à faire les ceremonies de la reception d'Andrés le nouvel Egyptien. Ils accommoderent une de leurs plus belles cabanes, qu'ils couvrirent de rameaux & de fleurs. Ils firent asseoir Andrés sur une piece de liege, & luy ayant donné entre les mains un marteau & des tenailles, ils le promenerent au son de deux Guitarres dont joüoient deux Egyptiennes, & le firent sauter deux fois. En suite ils le deshabillerent à demy, & luy ayant découvert le bras, ils luy donnerent deux petits coups avec un cordon de soye, & luy firent serrer les bastons. Precieuse estoit presente à la ceremonie, avec les autres

Egyptiennes, qui estoient toutes charmées de la beauté d'Andrés, & dont quelques-unes le regardoient avec des sentimens de tendresse, à laquelle leur cœur ne pouvoit resister. Les Egyptiens mesme, conceurent pour luy beaucoup d'affection, & luy témoignerent le plaisir qu'ils avoient d'avoir parmy eux une personne de son merite.

La ceremonie estant achevée, un vieux Egyptien tenant Precieuse par la main, & la presentant à Andrés: La fille que tu vois, luy dit-il, est la plus belle Egyptienne qui soit en Espagne; je te la presente pour estre ta femme, ou ta maîtresse: Choisis de ces deux qualitez, celle qui te plaira davantage. Nous vivons sans aucune ceremonie, regarde-la bien, & vois si elle te plaist, ou si tu trouves en elle quelque chose de desagreable. Si ton cœur n'en est pas touché, prens de toutes ces jeunes Egyptiennes qui sont icy, celle qui te plaira davantage: Nous te la donnerons d'abord, mais aussi prens bien tes mesures, il faut que tu gardes celle que tu choisiras, sans jamais la changer pour une autre, & sans faire aucun dessein sur nos femmes. Nous observons inviolablement la fidelité, personne ne sollicite la femme de son compagnon, quoy que dans nos mariages nous passions sur toutes les considerations du sang, & que l'inceste nous soit ordinaire, neantmoins nous ne commettons aucun adultere ; & si quelqu'une de nos femmes nous manque de fidelité, nous en faisons nous-mesmes la justice, & nous l'enterrons au pied d'un arbre en quelque desert écarté, sans que son pere ny aucuns de ses parens fassent la moindre chose pour vanger sa mort. Cette crainte les retient dans la sagesse, & nous exempte de toute sorte de jalousie. Pour tout le reste, nous le possedons en commun. Il y a pourtant une chose que nous pratiquons ; un jeune Egyptien qui a une vieille femme, la peut quitter pour en prendre une autre qui soit à peu prés de son âge.

Ce sont-là les loix qui nous reglent, & dont l'observation exacte nous fait mener une vie agreable. Nous sommes maistres des Campagnes, des Fleuves, & des Forests: Nous trouvons du bois, des fruits, & de toutes les choses qui nous sont necessaires pour vivre. Les Bocages nous rafraîchissent par leur ombre, & les Rochers nous mettent à couvert des injures de l'air. Ce n'est pas que nous les apprehendions beaucoup; les neiges, la gresle, & les gelées ne nous incommodent pas, & nous ne sommes épouvantez ny des éclairs, ny du tonnerre. Le si & le non nous est égal, & nous nous en servons suivant la necessité; c'est pour nous qu'on nourrit des chevaux à la campagne, & que l'on coupe des bourses dans les Villes. Il n'y a Aigle qui fonde sur sa proye avec plus de vîtesse que nous nous jettons sur les choses qui nous sont utiles. Enfin nous avons plusieurs bonnes qualitez qui nous promettent une heureuse fin. S'il nous arrive d'estre mis en prison, nous chantons toûjours ; à la question nous n'avoüons rien ; nous passons le jour dans le travail, & la nuit à dérober ; & nostre adresse fait veiller tout le monde pour conserver son argent. La peur de perdre nostre reputation ne nous inquiete pas, non plus que le desir de l'augmenter. Nous ne nous mélons jamais en aucune intrigue, & le matin l'on ne nous voit point à la porte des Grands pour leur demander des graces. Nos cabanes sont nos palais, & au lieu de tableaux nous voyons ces vertes prairies, ces bocages & ces collines couvertes de fleurs, que la nature nous presente. Comme nous couchons toûjours à la campagne, nous sçavons le cours des Astres, & de quelle maniere l'Aurore naissante fait disparoistre les Estoiles, rafraischit l'air, & humecte la terre. Le Soleil se leve devant nos yeux, & nous voyons poindre ses premiers rayons sur le sommet des montagnes. Nous ne craignons ny l'Hyver, ny la chaleur; la sterilité de la terre ne nous estonne point, & l'abondance ne nous donne pas une joye extraordinaire. Enfin nous ne vivons que par nostre adresse, & nous avons ce que nous souhaitons, parce que nous sommes toûjours satisfaits de ce que la fortune nous donne. La mer n'est pas nostre sejour, non plus que les Cours des Princes, & nous ne touchons jamais aux biens de l'Eglise, que nous regardons comme des choses sacrées. J'ay voulu t'instruire en peu de mots, ô jeune Cavalier, de toutes les maximes que nous pratiquons, afin que tu connoisses parfaitement la vie où tu t'engages. Tu découvriras d'autres choses dans la suite, qui ne font pas moins dignes de tes reflexions que celles dont je t'ay parlé.

L'Egyptien ayant achevé son difcours, Andrés luy témoigna la joye qu'il fentoit d'avoir appris des loix fi juftes, & qui avoient des fondemens fi raifonnables. Je fuis feulement fafché, ajoûta-il, d'avoir commencé fi tard à connoiftre une vie qui me paroift fi agreable. Je renonce dés à cette heure à l'ambition, & à la grandeur de ma naiffance, pour ne fuivre que les coûtumes que vous obfervez ; & puifque vous me donnez un auffi grand bien que la belle Precieufe, il n'y a point de richeffes que je n'abandonne pour l'aimer fidellement toute
ma

ma vie. Quoy que l'on m'ait donné à toy, dit Precieuse, & que mesme selon nos loix il faille que je t'obeïsse, neantmoins tu te souviens des conditions dont nous sommes tombez d'accord avant que tu m'épouses. Tu t'es obligé de passer deux ans avec nous; pendant ce temps-là, tu connoistras mon humeur, & tu verras si le cœur t'en dit; car je serois faschée que m'ayant épousée, tu te repentisses de l'avoir fait, & que tu me quitasses pour une autre. Cette legereté me toucheroit sensiblement, & je ne suis pas d'avis de m'y hazarder. Pense si tu peux estre le temps que je te demande avant que nous nous engagions l'un à l'autre.

I. Part. H

Si tu es dans ce sentiment, je te promets de te tenir ma parole, autrement tu peux prendre ton party; le cheval n'est pas encore mort, tu as encore tes habits ordinaires, il ne te manque rien de ton argent, il n'y a qu'un jour que tu es absent de la maison de ton pere, prens ta derniere resolution. Ces Egyptiens peuvent bien me promettre à toy, mais il faut que j'y consente, & nos loix ne s'étendent point sur mon cœur, qui sera libre tant que je voudray. Si tu demeures pour l'amour de moy, je t'en seray extrémement obligée; & si tu nous quittes, je ne t'en estimeray pas moins. J'ay assez d'esprit pour m'imaginer ce que fait l'amour dans

le cœur d'un jeune homme.
Il pourſuit avec ardeur ce qu'il
ſouhaite, & quand il le tient,
il s'en laſſe & court aprés une
choſe nouvelle. Un amant
qui voit tout au travers de ſa
paſſion, prend facilement le
change; il donne dans tout ce
qui peut contribuer à ſon deſſein, cependant tout ce qui
luit n'eſt pas or. Peut-eſtre
que ma beauté qui te ravit
preſentement, & que tu fais
paſſer pour une beauté parfaite, n'aura pas pour toy les
meſmes charmes quand tu la
regarderas de prés. Songes
bien à ce que tu dois faire, je
te donne deux ans pour te re-
ſoudre. Quand on a pris une
femme, ce n'eſt pas pour un
jour, il n'y a que la mort qui

t'en puisse separer. Examine-moy bien, considere mes bonnes & mes méchantes qualitez, & ne te figures pas de suivre la cruelle coûtume de nos peres, qui mal-traitoient & quittoient leurs femmes quand la fantaisie les prenoit. Je serois au desespoir si tu en usois de la sorte, & comme je ne pretends pas de jamais rien faire qui merite aucun mauvais traitement, je ne te pardonnerois jamais, si tu m'abandonnois quelque jour. Je conviens avec toy Precieuse, répondit Andrés, de toutes les choses que tu m'as dites: Tes paroles sont prudentes, neantmoins il est bon que je te guerisse de ta crainte par tous les sermens que tu voudras exiger de moy. Je suivray toûjours tes sentimens, & tu ne verras rien en moy qui te puisse déplaire. Songe à toutes les choses que je puis faire pour t'assurer ce que je te dis. Je ne demande ny promesse ny sermens, reprit Precieuse. Les amants en font tous les jours dont ils ne se mettent pas fort en peine, & ce ne sont pas ces bagatelles qui les embarassent. Ils promettent des monts d'or, pour venir à bout de leur dessein, & ils jurent par le fleuve Stix, comme devant moy faisoit autrefois un Poëte, qu'ils seront fidelles toute leur vie. De pareils discours ne m'éblouïssent point, tes sermens te seroient inutiles, je remets toutes choses au temps que je t'ay donné pour y penser. Tres volontiers, répondit Andrés, j'accepte le party que tu me presentes. Je demande seulement une grace à mes compagnons, ajoûta-il en les regardant, qu'ils ne m'obligent pas d'un mois à rien dérober; je n'y suis point adroit, & je n'en pourrois venir à bout, il faut auparavant que l'on m'instruise pendant quelques jours. Ne t'embarasses pas de cela, répondit le vieil Egyptien, nous te donnerons de si bonnes leçons, qu'en peu de temps tu seras tres habile, & tu auras un plaisir extréme de les pratiquer. Ce n'est pas une raillerie de sortir le matin de nos cabanes les mains vuides, & d'y revenir le soir chargez. J'en ay pourtant bien vû revenir vuides, reprit Andrés, aprés avoir eü les estrivieres. Ce n'est pas un grand mal, repliqua le vieil Egyptien, n'est pas joüeur qui toûjours gagne. Ne sçais-tu pas, mon fils, que les choses de cette vie sont sujettes à mille dangers ; un larron risque la galere, ou la mort ; & faut-il que cela luy fasse peur. Quoy, parce qu'un vaisseau est souvent agité de la tempeste, ou qu'il se perd, n'osera-t'on plus naviger ? Ce seroit quelque chose de bien plaisant, qu'on ne trouvast aucun soldat parce qu'on est tué à la guerre. Parmy nous celuy qui a esté chastié par la Justice, & qui a sur ses épaules les armes du Prince, est plus glorieux que s'il portoit la croix de Calatrava. Enfin nous ne sommes point faits pour demeurer les mains croisées, ny pour voir d'où vient le vent. Qu'on nous punisse, à la bonne heure, les galeres ne nous font pas peur, & nous ne nous soucions point du foüet. Andrés mon fils, continua-il, reposes-toy en nostre experience, & laisse-nous faire: Si tu pratiques bien nos conseils, tu verras que tes pas ne te seront pas inutiles, & que comme je t'ay déja dit, tu auras un plaisir extreme à dérober. Puisque je ne sçaurois travailler presentement, reprit

prit Andrés, il faut que je partage entre nous, deux cens écus d'or que j'ay apportez, afin que je ne sois pas à charge à la troupe, & que cét argent me tienne lieu des larcins que je ferois.

Comme il eut achevé ces paroles, tous les Egyptiens l'embrasserent, & le porterent en triomphe comme un Conquerant, criant qu'Andrés estoit le plus honneste homme de la bande. Les Egyptiennes firent le mesme à Precieuse, quoy que dans leur cœur elles enviassent sa bonne fortune; car l'envie se trouve par tout, aussi bien dans la cabane des Bergers, que dans les Cours des Princes. Enfin on partagea cét argent, aprés quoy l'on recommença à loüer la liberalité d'Andrés & la beauté de Precieuse ; & aprés avoir fait un repas magnifique, ils tuerent le cheval, & l'enterrerent avec la selle & la bride, en un lieu que personne ne pût découvrir. Andrés faisant reflexion à tout ce qu'il avoit vû, & à toutes les choses que le vieil Egyptien luy avoit dites, estoit ravy des loix qu'ils s'estoient établies pour conserver l'union dans leur bande. Il se resolut de les suivre pendant le temps qui estoit necessaire pour épouser Precieuse. Il ne pouvoit neantmoins approuver leur larcin, & quelque parole qu'il eust donnée de dérober, il se proposa de n'en rien faire, croyant pouvoir s'en dispenser en partageant de temps en temps quelque somme à ses camarades. Le lendemain il les pria de changer de lieu, & de s'éloigner de Madrid, craignant d'estre connu si l'on restoit davantage. Ils luy dirent qu'ils devoient bien-tost aller aux montagnes de Tolede, pour dérober dans tous les lieux d'alentour. Peu de jours aprés ayant preparé leur bagage, ils se mirent en chemin, Precieuse estoit montée sur une jument, Andrés la suivoit à pied, en ayant refusé une semblable qu'on luy avoit offerte. Precieuse estoit ravie de voir ce que pouvoit

I ij

sa beauté sur le cœur de son amant; il n'y avoit pas long-temps qu'Andrés avoit esté à la Cour aimé de tout le monde, & alors l'amour le reduisoit à suivre comme un esclave une jeune Egyptienne.

Quatre jours aprés leur départ ils arriverent en un Bourg à deux lieuës de Tolede, où ils dresserent leurs cabanes, aprés avoir mis entre les mains du Juge du lieu, quelques pieces de vaisselle d'argent, pour asseurance qu'ils ne déroberoient rien dans toute l'étenduë de sa Jurisdiction. Ensuite plusieurs vieilles Egyptiennes avec quelques-unes des jeunes, accompagnées d'une partie des Egyptiens de leur bande, se répandirent dans tous les Bourgs des environs, à quatre lieuës de l'endroit où estoit leur quartier. Andrés les suivit pour apprendre les adresses qu'il faut avoir pour dérober finement. Il vid faire ses camarades en plusieurs occasions, mais au lieu de suivre leurs exemples il en avoit une horreur secrete, & sa naissance luy donnant des sentimens éloignez des larcins que faisoient les Egyptiens de la bande, il payoit souvent de son argent les choses qu'ils emportoient, touché des larmes de ceux à qui ils les avoient dérobées. Cette liberalité déplaisoit extremement à ses compagnons, qui luy disoient que d'en user de la sorte, c'estoit violer les loix qu'ils s'estoient établies, & que s'ils avoient le cœur sensible à la charité, ils seroient obligez de ne plus voler; ce qui feroit tort à la reputation qu'ils avoient dans le monde. Andrés feignant de se rendre à leurs raisons, promit de faire comme les autres; mais il dit qu'il vouloit estre seul quand il iroit dérober, leur asseurant qu'il ne craignoit pas les dangers, & qu'il ne manquoit pas de cœur pour s'y mettre, ny d'adresse pour s'en tirer, quand il y seroit engagé. Enfin qu'il vouloit que toutes les choses qu'il pourroit prendre, & toute la peine qu'il souffriroit fust pour luy seul, sans que pas un de ſes camarades y euſt aucune part.

Les Egyptiens n'oublierent rien pour le faire changer de ſentiment, ils luy dirent qu'un homme ſeul ne pouvoit jamais faire de vols conſiderables, & qu'il y avoit pluſieurs occaſions dans leſquelles la compagnie eſtoit fort neceſſaire, ou pour attaquer, ou pour ſe deffendre ; neantmoins quelque choſe qu'ils luy puſſent dire, Andrés perſiſta toûjours à vouloir eſtre ſeul quand il feroit quelque larcin. Son deſſein eſtoit de s'éloigner des autres Egyptiens, afin que ſans en eſtre vû il pûſt acheter pluſieurs choſes qu'il feroit paſſer pour les avoir dérobées. Il le fit,

& en peu de temps, il apporta luy seul à la troupe, plus que quatre de leurs plus habiles larrons. Precieuse croyant qu'Andrés déroboit effectivement ce qu'il donnoit à ses compagnons, estoit ravie qu'il entendist si bien le mestier, neantmoins elle craignoit qu'il ne luy arrivast quelque mal-heur ; ce qui l'auroit fait mourir de douleur, car elle estoit fort sensible à toutes les choses qu'il faisoit pour luy plaire. Aprés avoir passé quelques jours en la campagne de Tolede, où ils ne perdirent pas leur temps, ils entrerent dans l'Estramadoure, qui est un païs fort riche. Andrés voyant Precieuse tous les jours, luy témoignoit sa tendresse dans toutes les conversations qu'il avoit avec elle, & elle de son costé se laissoit toucher peu à peu aux bonnes qualitez de son amant. En quelque lieu qu'ils arrivassent, Andrés gagnoit toûjours le prix de la course & du sault; il joüoit parfaitement au mail & à la paume, & jettoit le baston avec une force & une adresse particuliere. En peu de temps sa reputation s'étendit dans tous les lieux de l'Estramadoure, chacun parloit de la bonne mine & de l'adresse d'Andrés le Cavalier; la beauté de la jeune Egyptienne estoit aussi extremement connuë, & l'on ne faisoit aucune feste en quelque lieu que ce fust, qu'on ne taschaſt de les avoir tous deux pour en augmenter la réjoüiſſance. Tout le monde leur donnoit, & par leur moyen toute la bande des Egyptiens avoit abondamment les choſes qui pouvoient rendre leur vie heureuſe.

Un jour ayant dreſſé leurs cabanes ſous des arbres qui eſtoient dans un lieu écarté, ils entendirent vers le minuit leurs chiens aboyer avec plus de force que de coûtume. Andrés & quelques Egyptiens ſortant de leurs tentes pour voir d'où venoit ce grand bruit, apperceurent un homme habillé de blanc, qui ſe deffendoit contre deux chiens qui le tenoient à la cuiſſe. Un de la troupe s'eſtant approché de luy pour le délivrer de leurs dents, luy demanda qui il estoit. Qui diable, ajoûta-il, vous mene icy à l'heure qu'il est, & par un chemin si détourné. Si vous venez pour voler, vous ne pouvez pas mieux vous adresser. Je ne viens point voler personne, luy répondit cet homme, & je ne sçay quel chemin est celuy où je me trouve, mais je voy bien qu'il n'est pas trop bon pour moy. Faites-moy la grace de me dire s'il n'y a pas icy quelque hôtellerie, ou quelque autre lieu où je puisse me retirer pour passer la nuit, & pour me faire panser de la morsure que vos chiens m'ont faite. Il n'y a icy aucun endroit, répondit Andrés, où vous puissiez aller coucher, mais venez avec nous dans nos cabanes, nous vous y logerons cette nuit, & nous vous panserons des playes que vous avez receuës. Le Ciel vous benisse, reprit cét homme, menez-moy où il vous plaira, & faites-moy la grace de me donner la main, la douleur que je sens à ma cuisse m'empesche de marcher tout seul. Andrés & un autre de ses camarades s'estant approchez l'appuyerent, & le conduisirent le plus doucement qu'il leur fut possible. Comme cette nuit-là il faisoit clair de Lune, ces deux Egyptiens le regardant au visage, virent que c'estoit un jeune homme de bonne mine, & bien fait. Il estoit tout habillé de blanc, & il portoit par dessus une maniere de chemisette qu'il avoit noüée autour de sa ceinture. Estant arrivé au quartier des Egyptiens, on mit ce jeune homme dans la tente d'Andrés, & la vieille Egyptienne qui estoit l'ayeule de Precieuse, eust soin de le panser. Elle prit quelques poils des chiens qui l'avoient mordu, & ayant premierement lavé avec du vin chaud les deux playes qu'il avoit receuës, elle y appliqua ces poils avec du romarin verd, qu'on avoit pilé, & ayant envelopé d'un linge l'endroit où estoient ces blessures, elle leur fit plusieurs signes de

Croix, & se retira pour luy donner du repos. Precieuse estoit presente pendant qu'on pansoit ce jeune homme, ils se consideroient tous deux fort attentivement, & Andrés voyant l'application de cét inconnu à regarder la jeune Egyptienne, ne soupçonna rien de particulier, & il crût seulement que Precieuse estant parfaitement belle, on ne pouvoit cesser de la voir. Enfin quand il fut pansé, on le laissa sur un lit de jonc où ils l'avoient fait coucher, & ils se retirerent sans luy demander la cause de son voyage.

Quand ils furent sortis de la cabane où estoit ce jeune homme, Precieuse tirant Andrés en particulier ; te souvient-il, luy dit-elle, du jour que je dansois avec mes compagnes dans la maison de ton pere, je laissay tomber dans la salle un certain papier, qui comme je crois, te donna de la jalousie. Je m'en souviens, répondit Andrés, c'estoit un Sonnet qu'on avoit fait à ta loüange, & il n'estoit point mauvais si je ne me trompe. Ce jeune homme que nous venons de laisser dans ta cabane, reprit Precieuse, est celuy-là mesme qui l'a fait, j'en suis seure ; il me parla trois ou quatre fois à Madrid, & me donna un jour un fort beau Romance : Il estoit alors habillé en page, qui avoit bien l'air d'estre aimé de quelque Prince: Il est fort honneste, & je ne puis deviner la raison qui l'a obligé à venir icy, & dans l'équipage où il est. Quelle autre cause de son voyage, reprit Andrés, peut-on imaginer, si ce n'est l'amour qu'il a pour toy. Ce mesme amour qui m'a fait Egyptien, l'a déguisé sous l'habit où nous l'avons vû, pour te venir chercher, Precieuse. Je voy bien par là, que tu ne te contentes pas d'un amant: Si cela est, commence à me faire mourir, avant que luy faire perdre la vie. Il faut avoüer, repliqua Precieuse, que tu es bien delicat. Quoy, peux-tu t'imaginer que ton esperance soit si mal fondée, & que j'aye j'aye le cœur si volage, que de vouloir estre aimée de tout le monde. Si j'avois quelque inclination pour ce jeune homme, & que son voyage fust concerté avec moy, crois-tu que je t'aurois dit qui il est, & que je n'aurois pas eü assez de force sur moy-mesme, pour garder un pareil secret. Je ne suis pas si imprudente que de te donner des soupçons de mon cœur, demain matin tasche de sçavoir adroitement de ce jeune homme le lieu où il va, & de quel endroit il est venu; peut-estre te dira-il des choses qui te gueriront de ta jalousie. Pour moy, je suis d'avis afin de mettre ton esprit en repos, que tu le congedies au plûtoſt, la déferance que toute la bande a pour tes paroles, fera que pas un ne le recevra dans ſa cabane: Mais quoy qu'il arrive, je te jure que je ne ſortiray point de la mienne, pour éviter les regards de tout le monde. Je ne ſuis pas faſchée de te voir jaloux, pourveu que tu ſois perſuadé que je ne t'en donne aucun ſujet. Je feray ce que tu ſouhaites, repliqua Andrés, & je taſcheray de ſçavoir les ſentimens de ce jeune homme; pour peu que je les puiſſe connoiſtre, je devineray facilement tout le reſte. La jalouſie comme je croy, reprit Precieuſe, eſt une étrange peine; un jaloux ne voit jamais les choſes comme elles font, il se fait toûjours des monstres, & il prend les moindres apparences pour des veritez. Je te prie autant que je le puis, gueris ton esprit de cette maladie, & sois persuadé qu'en cette occasion & en toute autre, je ne manqueray jamais à la fidelité que je t'ay jurée.

Ayant achevé ces paroles Precieuse se retira, & le laissa remply de mille soupçons. Andrés ne pouvoit s'imaginer que ce jeune homme ne fust pas attiré par la beauté de Precieuse, il croyoit au contraire qu'il l'aimoit passionnément, & qu'il s'estoit déguisé pour la chercher sans estre connu. D'un autre costé pensant aux choses que Precieuse

K ij

luy avoit dites, il croyoit n'avoir rien à craindre ; les promesses qu'elle luy avoit faites, luy paroissoient asseurées, & il crût devoir faire quelque fondement sur l'affection qu'elle luy avoit témoignée. Il passa la nuit dans ces diverses pensées, & le jour estant venu il alla voir le jeune homme ; aprés luy avoir demandé si son mal estoit diminué, & si la douleur qu'il sentoit de ses blessures estoit passée, il le pria de luy dire son nom, le lieu où il alloit, & pour quelle raison il s'estoit mis si tard en chemin. Le jeune homme luy répondit, qu'il estoit presque guery, & qu'il se sentoit assez de force pour continuer son voyage. Il ajoûta qu'il s'appelloit Alonse Hurtado, qu'il alloit pour une affaire à Nostre-Dame de la Roche de France; qu'estant extrémement pressé d'y arriver au plus viste, il marchoit nuit & jour; & que s'estant égaré du chemin il avoit pris par l'endroit où il avoit rencontré leurs chiens, qui l'avoient mis en l'estat où il l'avoit trouvé.

Cette réponse ne parut pas juste à Andrés, qui recommença d'avoir de la jalousie. Je ne sçaurois croire, luy dit-il, d'un air chagrin, ce que vous venez de me dire; je ne me soucie pas de sçavoir vôtre nom, ny le lieu où vous allez; je voudrois seulement que vous m'eussiez répondu une chose qui eust un peu plus d'aparence de verité que celle que vous m'avez dite. Vous voulez me persuader que vous allez à la Roche de France, & vous la laissez sur la droite à plus de trente lieuës d'icy; & au lieu de prendre le chemin, vous vous écartez au travers des champs, où il n'y en a pas la moindre trace; levez-vous, allez vous-en, & une autre fois si vous voulez estre crû, mentez avec quelque sorte de vray-semblance. Je souhaiterois pourtant bien de sçavoir une chose de vous; n'estes-vous pas un jeune homme que je vis à la Cour il y a quelque temps, qui passoit pour bien faire des Vers;

je crois avoir vû un Romance de voſtre façon, & un Sonnet que vous fiſtes pour une jeune Egyptienne d'une beauté ſinguliere, qui eſtoit ces jours paſſez à Madrid. Je vous prie, avoüez-moy la verité, je vous jure de garder le ſecret, & de n'en rien dire à perſonne. Il me ſemble que je ne me trompe pas, voſtre viſage m'eſt connu, & je me ſouviens fort bien de vous avoir vû. La reputation que vous aviez d'exceller en la Poëſie, faiſoit que je vous regardois comme un eſprit rare; & quoy que vous ſoyez ſous un habit different de celuy que vous portiez alors, je ne change pas de ſentiment, & vous eſtes ſans doute ce meſ-

me homme que je dis. Ne vous troublez pas, ne craignez rien, vous n'eſtes pas tombé entre les mains des voleurs, au contraire il n'y a perſonne icy qui ne priſt de bon cœur voſtre deffenſe contre ceux qui vous voudroient nuire. Il me vient une penſée que je ne puis vous cacher: Si elle eſt veritable, vous eſtes heureux de m'avoir rencontré. Je croy que vous aimez Precieuſe, qui eſt cette jeune Egyptienne pour qui vous fiſtes des Vers à Madrid, & que ne pouvant vous paſſer de la voir, vous eſtes venu la chercher. Si cela eſt, je vous en eſtimeray davantage; je connois aſſez par ma propre experience, le pouvoir de
l'a-

l'amour, & les choses extraordinaires qu'il fait entreprendre à ceux qui en sont touchez. Si vous cherchez Precieuse, elle est icy. Il est vray, luy répondit le jeune homme, je la vis hier au soir quand on me pansoit. Andrés sentit vivement ces paroles, & ne douta plus de la raison qui l'avoit obligé à se mettre en chemin. Je la vis hier au soir, reprit-il, mais l'estat où j'estois ne me permettoit pas de me faire connoistre. Vous estes donc, continua Andrés, le Poëte que j'ay dit. Je le suis, repliqua le jeune homme, je ne sçaurois le nier. Peut-estre trouveray-je le bon-heur où j'avois crû mourir, s'il est vray qu'il y ait de la fidelité dans les Forests & sur les Montagnes. Il y en a, reprit Andrés, n'en doutez pas; & sur tout on trouve parmy nous un secret inviolable. Vous pouvez donc en seureté m'ouvrir vostre cœur; la jeune Egyptienne que vous aimez est ma proche parente, elle fera tout ce que je voudray. Si vous souhaitez de l'épouser, tous ses parens & moy y consentirons volontiers; & si vous estes d'humeur de la prendre pour vostre maistresse, nous vous la donnerons sans autre ceremonie, pourveu que vous ayez de l'argent. Parmy nous c'est le seul secret de venir à bout de tout. J'ay quatre cens écus d'or, répondit le jeune homme, dans le linge que vous voyez lié autour de moy. Cette réponse donna une douleur mortelle à Andrés, qui crût d'abord que le jeune homme ne portoit cét argent que pour acheter Precieuse. Cette somme est assez considerable, reprit Andrés, avec un esprit troublé, pour venir à bout de vostre dessein ; il faut seulement le faire connoistre à la petite Egyptienne, & comme elle a de l'esprit, je suis seur qu'elle sera ravie d'estre à vous.

Mon cher amy, reprit le jeune homme en soûpirant, je n'ay pas le dessein que vous pensez : Si vous me voyez en cet estat mal-heureux, ce n'est pas l'amour qui m'y a reduit, ny l'envie de suivre Precieuse;

je sçay qu'elle est fort belle, mais on trouve à Madrid des filles assez charmantes pour en estre touché. La mauvaise fortune seule me fait souffrir tous les maux que je sens. Ces dernieres paroles donnerent une joye secrete à Andrés, qui fut ravy de connoistre que le dessein de ce jeune homme tendoit à une chose fort éloignée de celle qu'il s'estoit imaginée. Il le pria de luy ouvrir son cœur, & de luy dire franchement ses pensées, l'asseurant de ne parler jamais à personne des choses qu'il luy confieroit. Ce jeune homme ne pouvant resister à la sincerité qui paroissoit dans les paroles de l'Egyptien : J'estois à Madrid, luy dit-il, dans la maison d'un de mes parens, qui est homme de qualité; il avoit un fils unique, qui estant de mon âge, & ayant à peu prés mes mesmes inclinations, me traitoit avec beaucoup d'amitié. Ce jeune homme se rendit amoureux d'une fille de bonne maison, qu'il auroit volontiers épousée s'il avoit pû obliger son pere, qui vouloit le marier plus avantageusement, de consentir à son choix. Quoy qu'il vist bien que ses poursuites luy seroient inutiles, il ne laissa pas de les continuer, & de cacher sa passion aux yeux de tout le monde, ne la confiant qu'à moy seul.

Une nuit dont je me souviendray toute ma vie, passant tous deux dans la ruë où demeuroit cette fille, nous vismes deux hommes de bonne mine qui estoient appuyez contre la muraille. Mon parent curieux de les connoistre, s'approcha pour les voir, mais à peine fut-il auprés d'eux, qu'ils vinrent d'abord à nous l'épée à la main. Nous estant mis en estat de nous deffendre, nous nous batismes, & le combat finit par la mort de ces deux hommes que nous tuasmes sans beaucoup de peine. Faschez du malheur qui nous estoit arrivé, nous allasmes d'abord à la maison, & ayant pris secretement tout l'argent que nous pûmes avoir, nous nous sauvâmes au Convent de saint Jerôme, en attendant que nous sçeuffions le train que prendroit cette affaire, & les personnes sur qui on jetteroit les yeux pour les accuser de ce mauuais coup. L'on nous assura qu'on ne parloit point de nous, & les Religieux nous conseillerent de retourner à Madrid, afin que nostre absence ne nous fist point soupçonner de l'avoir fait. Comme nous estions sur le poinct de suivre leur conseil, on nous vient dire que le Prevost avoit arresté cette fille, avec son pere, sa mere, & ses domestiques, & qu'une de ses femmes avoit dit que mon parent passoit devant sa porte de jour & de nuit ; qu'en suitte de cette déposition on nous estoit allé chercher, & que ne nous trouvant pas, on s'estoit confirmé dans la pensée que c'estoit nous qui avions tué ces deux hommes qui estoient des plus considerables de la Cour.

Aprés avoir demeuré quinze jours cachez dans ce Convent, le Comte, qui estoit ce jeune homme, se déguisant sous l'habit de Religieux, prit avec un autre Moine le chemin d'Arragon, dans le dessein de passer en Italie & en France, pour y attendre le succez de son affaire. Pour moy, je crûs devoir prendre un autre chemin pour ne pas courre avec luy une mesme fortune; & m'estant habillé en Religieux, je fus avec un de ces bons Peres jusqu'à Talavere, où je l'ay quitté. En sortant de cette Ville je me suis égaré, & m'estant trouvé au milieu de la campagne sans sçavoir de quel costé je devois aller, je suis arrivé icy par hazard, la nuit passée, en l'estat où vous m'avez vû. Pour ce que je vous dis hier au soir que j'allois à la Roche de France, c'estoit pour vous répondre quelque chose, car je ne sçay où elle est, quoy que l'on m'ait dit qu'il falloit passer au delà de Salamanque; mais la verité est, que je voulois me rendre à Seville, où il y a un Gentil-homme Genois, grand amy du Comte, qui envoye tous les ans à Gennes une grande quantité d'argent sur deux Galeres qui partent ordinairement en la saison où nous sommes. Je voulois prendre cette commodité pour passer à Cartagene & delà en Italie, où je serois en seureté. Voilà ma veritable histoire, & voyez si je n'ay pas eü raison de vous dire, que j'estois moins persecuté de l'amour que de la fortune. Si vos camarades me vouloient souffrir en leur troupe jusqu'à Seville, en cas qu'ils ayent resolu d'y aller, je les recompenserois bien de la grace qu'ils me feroient, & je m'imagine qu'en leur compagnie je serois hors de toute sorte de dangers. Nous tascherons de vous contenter, luy répondit Andrés, & si vous ne

EGYPTIENNE. 121
pouvez venir en noſtre bande, parce qu'apparemment nous n'irons pas encore en Andalouſie, nous vous mettrons dans une autre troupe que nous devons rencontrer dans deux jours ; vous leur donnerez quelque petite choſe, & ils vous conduiront au lieu que vous ſouhaitez. Andrés s'eſtant ſeparé de luy, alla raconter à ſes camarades tout ce que ce jeune homme luy avoit dit ; & leur parlant de l'offre qu'il avoit faite de leur donner une ſomme conſiderable s'ils luy vouloient permettre de reſter avec eux; tous, excepté Precieuſe, furent d'avis qu'il y demeuraſt. Son ayeule dit qu'elle n'oſeroit pas aller à Seville, à cauſe

d'une fourberie qu'elle y avoit faite à un Bourgeois fort connu, nommé Triguile. J'avois mis dans la teste de cét homme, ajoûta la vieille Egyptienne, qu'il y avoit un tresor caché dans sa maison, & qu'il le trouveroit infailliblement s'il vouloit faire ce que je luy dirois. Il promit tout. Je le fis tenir un jour entier dans une cuve, où il avoit de l'eau jusqu'au col, avec une couronne de cyprez sur la teste. Quand minuit fust sonné, qui estoit le temps que je luy avois marqué pour fouiller au lieu où il croyoit trouver le tresor, le bon-homme voulant sortir de l'eau avec precipitation, renversa la cuve. Quelques planches qui tomberent fur luy, le meurtrirent en plufieurs endroits, & l'eau ayant remply la chambre il fe mit à nager, criant tant qu'il pouvoit, au fecours, & qu'il fe noyoit. Sa femme & fes voifins accourans au bruit, le trouverent étendu fur le plancher, remuant avec violence les pieds & les mains comme un homme qui eft fur le poinct de fe noyer. Ils le prirent, & le tirerent au plûtoft du danger où il croyoit eftre perdu. Quand il fut revenu à luy, il raconta la fourberie que je luy avois faite, témoignant beaucoup de colere contre moy; neantmoins il ne laiffa pas malgré tout ce qu'on luy pûft dire, de creufer dans l'endroit que je luy avois marqué pour trouver le tresor, & il foüilla si avant dans la terre, que si ses voisins ne l'eussent empesché de continuer, il auroit détruit les fondemens de leur maison, & les auroit tous accablez sous les mesmes ruines. La chose fust sçeuë de tout le monde, chacun faisoit des railleries de la credulité du Bourgeois, & il n'y avoit pas jusqu'aux enfans qui ne le montrassent au doigt dans toute la Ville.

La vieille Egyptienne raconta cette histoire pour faire connoistre la raison qu'elle avoit de ne pas aller à Seville. Les Egyptiens à qui Andrés avoit dit que le jeune homme avoit beaucoup d'argent, furent ravis de le recevoir en leur compagnie, & luy firent dire de ne rien craindre pendant tout le temps qu'il seroit avec eux. Ils ajoûterent, que pour le mettre dans une entiere seureté, ils prendroient leur chemin du costé de la Manche, & que de là ils entreroient dans la Murcie. Le jeune homme acceptant l'offre qu'ils luy faisoient, leur donna cent écus d'or, qui furent d'abord partagez dans toute la bande, & dont ils furent extrémement satisfaits.

Il n'y eust que Precieuse qui ne pouvoit souffrir que Dom Sanche (c'est le nom du jeune homme, qui fut changé en celuy de Clement) demeurast. Andrés en eust aussi quelque petite jalousie, parce qu'il luy sembloit que Clement avoit changé trop facilement le dessein qu'il avoit tesmoigné d'aller à Seville.

Le nouvel Egyptien lisoit dans l'ame de son camarade, & pour le mettre en repos, il luy dit qu'il estoit bien aise d'aller dans le Royaume de Mucrie, parce qu'il seroit prés de Cartagene, où il pourroit s'embarquer sur les premieres Galeres qui partiroient pour l'Italie; neantmoins Andrés ne se fioit pas beaucoup à toutes ses paroles, il craignoit toûjours quelque chose pour son amour, & il resolut d'en faire son camarade pour estre toûjours avec luy, & pour voir tout ce qu'il feroit.

Cle-

Clement fut ravy de l'amitié qu'il luy témoignoit, ils estoient toûjours ensemble, sans jamais se perdre de veuë, ils chantoient, dansoient, & mangeoient ensemble, comme deux bons amis; l'argent ne leur manquoit pas, ils estoient bien faits, les Egyptiens les estimoient beaucoup, & parmy les Egyptiennes il n'y en avoit pas une qui ne les regardast de bon œil. En sortant de l'Estramadoure ils entrerent dans le païs de la Manche, s'avançant peu à peu du costé de Mucrie. Par tous les lieux où ils passoient, ils faisoient des défis à tout le monde pour joüer à la paume, pour la danse, & pour tous les autres jeux d'adresse,

I. Part. M

où ils gagnoient toûjours le prix. Il y avoit assez long-temps que Clement estoit dans la troupe, neantmoins il n'avoit jamais trouvé, ny mesme cherché l'occasion de parler à Precieuse.

Un jour qu'elle & Andrés causoient ensemble, le voyant passer ils l'appellerent, pour estre de leur conversation. D'abord qu'il se fut approché, aprés quelques discours; dés le moment que je vous vis icy, continua Precieuse, je vous connus, & je me souviens des Vers que vous me donnastes à Madrid, cependant je ne voulus point vous parler, parce que j'ignorois vostre dessein. Je ne sçavois pas si l'amour vous avoit obligé à vous déguiser, comme a fait Andrés ; mais ayant appris le malheur qui vous est arrivé, j'en ay esté fort touchée, & j'ay bien voulu vous témoigner moy-mesme la part que j'y prends. Je vous parle franchement, parce qu'Andrés m'a asseuré qu'il vous avoit découvert qui il estoit, & la raison qui l'a obligé à se faire Egyptien : Ne croyez pas que ma connoissance vous ait esté inutile, le bien que j'ay dit de vous a fait qu'on vous a receu plus facilement dans nostre compagnie. Je prie le Ciel de vous y donner tout le bonheur que vous desirez ; je vous prie pour l'heureux souhait que je vous fais, de ne pas me nuire auprés d'Andrés, en luy representant la bassesse de l'estat où il est, & en le détournant de son intention. Je serois sensiblement touchée, si m'ayant témoigné autant d'amour qu'il a fait, il estoit capable d'en avoir le moindre repentir. Ne croyez pas, belle Precieuse, répondit Clement, que Dom Jüan m'ait dit d'abord qui il estoit: Je l'ay connu avant qu'il m'eust parlé, & ses yeux m'avoient assez découvert ce qu'il avoit dans l'ame: Je fus le premier à luy dire son nom, & à luy témoigner que je connoissois son amour; voyant que je sçavois son dessein, il me l'avoüa, & il m'est témoin si je n'ay pas toûjours loüé le choix qu'il a fait ; je n'ay pas si peu d'experience que je ne comprenne bien le pouvoir de la beauté, & vos charmes sont si puissans, qu'il n'y a point de foiblesses qu'ils ne rendent legitimes. Je vous suis obligé, Precieuse, de toutes les choses que vous avez dites en ma faveur, je souhaite un heureux évenement à tous vos desirs, c'est la seule reconnoissance que je puis vous témoigner ; & plaise au Ciel que vos parens favorisent vos intentions, & que vous puissiez avoir un bon-heur parfait. Ce sont-là les souhaits que je feray toûjours pour vous, sans jamais dire une seule parole à Andrés pour luy faire changer de sentiment. Clement dit toutes ces choses d'une manière si obligeante, que Andrez en sentit quelque sorte de jalousie, ne sçachant s'il avoit parlé comme un amy sincere, ou comme un amant interessé; neantmoins faisant en suitte reflexion à la tendresse que Precieuse luy avoit témoignée, il rassuroit son cœur contre sa crainte; ils vivoient tous deux dans une parfaite amitié, sans que la petite Egyptienne donnast jamais à Andrés le moindre sujet d'inquietude. Clement estoit Poëte, comme il l'avoit témoigné par les Vers qu'il avoit fait à Madrid pour Precieuse. Andrés en faisoit aussi quelquefois, & ils avoient tous deux la voix fort agrea-

EGYPTIENNE.

ble. Leur troupe ayant dreſſé leurs tentes dans un valon, à quatre lieuës de Murcie, une nuit extrémement claire, Andrés & Clement s'éloignant de leur quartier, & perçant dans un bois voiſin, s'aſſirent chacun au pied d'un arbre, & charmez du ſilence de la nuit, ils chanterent ſur leurs Guitarres les paroles qui ſuivent.

DIALOGVE.

ANDRES.

ADmire cher Clement cette voute azurée,
Regarde tous ces feux dont la nuit eſt parée,
Et confeſſons tous deux
Que Precieuſe efface tous ces feux.

CLEMENT.

Non, Andrés il n'est point d'Estoille si
 brillante,
Point de feux éclatans placez au Firma-
 ment,
Qui puissent égaler cette beauté charmante
Que nos Vers ne sçauroient chanter que
 foiblement.

ANDRE'S.

O belle Egyptienne
Que n'ay-je pour chanter l'éclat de tes
 beaux yeux,
Une voix pareille à la tienne,
Je t'éleverois jusqu'aux Cieux.

CLEMENT.

Ha ! si le Ciel secondoit nostre envie,
 Si les celestes voix
Aprenoient ce beau nom aux Echos de nos
 bois,
Qu'heureux à les entendre on passeroit
 la vie.

ANDRE'S.

ANDRE'S.

Est-il aucun mortel qui n'en soit en-
  chanté,
Elle sçait adoucir le cœur le plus sau-
  vage;
Lors qu'on l'entend chanter, l'on hait la
  liberté,
Et l'on soûpire après l'amoureux escla-
  vage.

CLEMENT.

Elle charme les yeux, elle enflamme les
  cœurs,
Amour ses doux appas sont tes plus fortes
  armes,
Et nos cœurs auroient pû mépriser tes
  ardeurs,
Si tu n'eusses icy fait paroistre ses charmes.

Il y a apparence qu'ils n'auroient pas si-tost finy le plaisir qu'ils avoient dans ce lieu,
si la voix charmante de Pre-

cieuse ne les eust obligez d'écouter ce qu'elle chantoit, elle les avoit entendus, & trouvant des paroles qui sembloient avoir esté faites pour leur répondre, elle commença de la sorte.

CHANSON.

JE ne suis point coquette ny cruelle,
  Je n'aime point les éclats superflus,
Et je tiens qu'il vaut mieux estre sage que
    belle,
L'amour n'est qu'un abus,
Je ne veux point avoir une troupe importune
D'amans à mes pieds abatus,
Et je pretens par mes seules vertus,
Establir un jour ma fortune.

Precieuse ayant achevé cette Chanson, ils se leverent tous deux pour la recevoir, ils passerent une partie de la nuit dans une conversation agreable, où elle fit paroistre tant d'esprit & de prudence, que Clement qui jusqu'alors avoit attribué en luy-mesme l'amour d'Andrés à un emportement de jeunesse, le loüa du dessein qu'il avoit de l'épouser. Le matin estant venu, toute la bande prenant le chemin de Murcie, ils allerent faire leurs cabanes à trois lieuës de la Ville, où il arriva à Andrés un mal-heur qui luy pensa faire perdre la vie.

Les Egyptiens ayant donné au Juge du lieu quelques pieces de vaisselle d'argent, pour gage qu'ils ne voleroient rien à personne : Precieuse avec son ayeule & Cristine, accompagnées d'Andrés & de Clement, allerent loger dans le Bourg, en la maison d'une riche vefve qui avoit une fille unique d'environ dix-sept ans, nommée Jeanne de Carduche; elle estoit mediocrement belle, elle avoit l'humeur éveillée, & l'esprit remply d'enjoüemens. Ayant vû danser les Egyptiens, & les filles qui estoient avec eux, elle fut touchée pour Andrés d'une passion violente; elle se resolut de la luy découvrir, & de l'épouser s'il vouloit, malgré tous les obstacles que ses parens y pourroient apporter. Elle chercha l'occasion de le joindre, & le trouvant un jour dans une cour où il alloit prendre quelqu'une de ses hardes: Andrés, luy dit-elle, en peu de mots, je suis fille unique, tres riche, tu m'as plû, je suis à toy, si tu veux m'épouser, répond viste, & si tu as de l'esprit abandonne ta troupe, & demeure dans ce lieu, où tu trouveras beaucoup d'avantages. Andrés surpris de la declaration de cette fille, luy répondit qu'il avoit donné parole de mariage à une Egyptienne; qu'il ne luy estoit pas permis d'épouser une fille d'une autre condition; que neantmoins il luy estoit infiniment obligé de l'honneur qu'elle luy vouloit faire. Ces paroles toucherent cette fille d'une cruelle douleur; elle estoit sur le poinct de répondre, mais voyant approcher les Egyptiennes elle le quitta honteuse, & avec dessein de ne rien oublier pour se vanger. Andrés prévoyant bien ce qui luy pouvoit arriver, pria ses camarades de déloger au plûtost. Comme toute la bande avoit beaucoup de consideration pour luy, ils allerent demander au Juge les gages qu'ils luy avoient donnez, & se preparerent à se mettre en chemin la nuit suivante. La jeune Carduche desesperée de voir partir Andrés, qu'elle aimoit beaucoup, & dont elle ne pouvoit se vanger, imagina un moyen pour le retenir. Elle mit adroitement dans sa male des perles & des diamants, que sa mere luy avoit donnez.

A peine furent-ils sortis de la maison, que cette fille se mit à crier que les Egyptiens luy avoient dérobé ses joyaux, tout le peuple accourut à cette plainte, & on les arresta. La Justice estant arrivée, ils jurerent que pas un de leur compagnie n'avoit pris la moindre chose, & qu'ils estoient prests d'ouvrir tous leurs coffres pour les faire visiter. Cét accident toucha fort la vieille Egyptienne, qui craignoit de perdre les pierreries de Precieuse, & les habits qu'Andrés luy avoit donnez; mais la jeune Carduche la tira de cette peine, en demandant où eſtoit la male de cét Egyptien (en montrant Andrés) qu'elle avoit vû entrer deux fois dans ſa chambre, & qui pourroit bien avoir fait le coup. Andrés entendant que cette fille parloit de luy, ouvrit ſon coffre ſans ſe troubler, & la priant d'y foüiller elle-meſme, il luy dit, que ſi ſes joyaux s'y rencontroient, il les payeroit au double, & qu'il ſe soûmettoit volontiers au châtiment des larrons. Les Sergens n'y eurent pas plûtoſt mis la main, qu'ils trouverent les diamants & les perles dont il s'agiſſoit. Andrés ſurpris d'une choſe ſi peu attenduë, ne pût dire une ſeule parole pour ſe deffendre. Hé bien! luy dit alors la Carduche, mes soupçons estoient ils mal fondez; auroit on crû que ce fripon avec son air honneste, eust esté capable d'un tel coup? Le Juge qui estoit present, dit mille injures à Andrés & à tous ses camarades. Andrés ne pouvant revenir de la surprise où il estoit, ne répondoit pas un mot, & il ne se seroit jamais imaginé le tour que cette fille luy avoit fait. Un soldat parent du Juge, prenant alors la parole: Voyez vous, dit-il, la confusion où est ce maraud; je parie qu'on le surprendroit avec le vol dans la main, & qu'il nieroit de l'avoir. Pourquoy faut-il que cette canaille ne soit pas plûtost à servir le Roy dans les Galeres, que de souffrir qu'ils courent d'un lieu à l'autre pour danser, & pour piller tout ce qu'ils rencontrent. Foy de soldat, je suis sur le poinct de luy donner un coup qui l'étende à mes pieds. En finissant ces paroles, il leve la main, & luy déchargea un soufflet, qui le tira bien-tost de l'étonnement où il avoit esté jusqu'alors. Andrés au desespoir, oubliant qu'il estoit Egyptien, & ne se souvenant que de sa naissance, saute sur le soldat, luy tire son épée, & la luy mettant au travers du corps, il l'étendit sur la place.

A cette action le peuple

se mit à crier, le Juge entra dans une fureur extréme, Precieuse s'évanoüit; ce qui toucha Andrés de beaucoup de douleur. Chacun court aux armes, & tout le monde se vint jetter sur luy pour le mettre en pieces. Quelque resistance qu'il pûst faire, il fut pris, & lié avec des cordes, & conduit à Murcie pour le faire mourir. Il auroit esté executé sur le champ, si le Juge avoit eû droit de le condamner.

Pendant le jour qu'on le tint prisonnier dans ce lieu, on luy fit souffrir mille maux, & le lendemain on le mena à Murcie. L'on arresta aussi tous les Egyptiens & les Egyptiennes que l'on pût prendre, sans que le mal-heur tombast sur Clement, qui ne sçachant rien de ce qui estoit arrivé à son amy, s'estoit mis devant avec le bagage. Les Egyptiens qui avoient esté pris furent conduits par un grand nombre d'Archers, Precieuse estoit de la bande. Andrés estoit lié sur un cheval, tout le peuple sortit pour voir entrer ces prisonniers dans la Ville ; on sçavoit la mort du soldat. Ce jour-là la beauté de la petite Egyptienne fut si grande, qu'elle charma tout le monde ; le bruit en vint jusqu'à la femme du Gouverneur de la Ville, qui pria son mary qu'on ne mit point en prison cette fille, mais qu'il la luy fist amener pour la voir. Tous les Egyptiens furent enfermez dans des cachots, & on en choisit un si noir pour Andrés, qu'il ne croyoit jamais y pouvoir vivre. D'abord que cette Dame vid Precieuse, elle fut surprise de sa beauté, la faisant approcher elle l'embrassa tendrement, & ne pouvant cesser de la regarder, elle demanda à la vieille Egyptienne, qui passoit pour sa grand'-mere, de quel âge estoit cette jeune fille. Elle luy répondit, qu'elle n'avoit tout au plus que quinze ans. Helas ! reprit cette Dame, avec un soûpir, c'est l'âge qu'auroit presentement ma pauvre fille Constance, & cette petite Egyptienne me fait renouveller ma douleur. Alors Precieuse prenant les mains de cette Dame, les baisa avec beaucoup de respect, & les baignant de ses larmes: Madame, luy dit-elle, cét Egyptien qui est prisonnier, n'a commis aucun crime. Aprés luy avoir dit mille injures, on luy a donné un soufflet sans avoir rien fait qui luy pûst attirer un si mauvais traitement. On l'accuse d'un vol, mais il ne faut que le voir pour juger, quoy qu'il soit Egyptien, que ses sentimens sont bien éloignez de toute sorte de lascheté. Je vous suplie, Madame, de deffendre son innocence, & puisque sa vie est entre les mains de vostre mary, priez-le de ne pas haster la peine que ses ennemis luy demandent. Si j'ay esté assez heureuse pour vous plaire, conservez-moy la vie, que je ne pourrois plus souffrir si ce prisonnier estoit condamné à la mort, puisque c'est luy qui doit m'épouser. Que s'il faut de l'argent pour appaiser ceux qui le poursuivent, nous vendrons tout ce que nous avons pour leur en donner. Si jamais vous avez sçeu ce que c'est que l'amour, ayez compassion de l'estat où je me trouve, & jugez par la tendresse que vous avez pour vostre époux, de celle que je dois avoir pour un homme que je regarde comme le mien.

Pendant tout le temps que

Precieuse parloit, elle tenoit les mains de cette Dame, & la regardoit avec attention, versant une infinité de larmes, qui en tirerent beaucoup de ses yeux. Elle ne pouvoit cesser de regarder la petite Egyptienne, & de luy témoigner la part qu'elle prenoit à sa douleur. Là dessus le Gouverneur entrant dans la chambre, fut surpris de voir sa femme & Precieuse se tenant par la main, & le visage couvert de larmes. Comme il en voulut sçavoir la cause: Je vous demande grace, luy dit la jeune Egyptienne en se jettant à ses genoux, pour ce prisonnier que l'on veut faire mourir; c'est mon époux, & si vous
le

le condamnez il faut que je meure ; il est innocent, mais si vous le jugez coupable, faites tomber sur moy la punition de son crime. Que si mes paroles & l'estat où je suis, ne peuvent vous toucher de compassion, donnez-moy du temps pour chercher les moyens de le délivrer, sans doute que le Ciel, qui protege toûjours l'innocence, fera naistre une occasion pour le tirer de son mal-heur. Le Gouverneur qui estoit déja charmé de la beauté de Precieuse, le fut encore d'entendre ses paroles.

Pendant cette conversation, la vieille Egyptienne considerant toutes les choses qui se passoient : Je vous suplie, dit-elle, de souffrir que je sorte pour un moment, vous sçaurez une nouvelle qui vous surprendra, & qui changera vostre douleur en une joye parfaite; il n'y aura que moy seule, à qui mon discours fera perdre la vie. En finissant ces paroles, elle sortit de la chambre, laissant Precieuse toute en pleurs, qui continuoit pour Andrés la priere qu'elle avoit commencée. Peu de temps aprés, la vieille Egyptienne revint avec une petite cassette qu'elle tenoit à la main, & pria le Gouverneur & sa femme de la mener dans un cabinet pour apprendre les choses qu'elle avoit à leur dire. Quand ils y furent enfermez,

Si la bonne nouvelle que j'ay à vous donner, leur dit-elle, se jettant à leurs pieds, ne merite pas le pardon d'un crime que j'ay fait, je suis preste d'en recevoir la punition qui vous plaira; mais avant que je vous le découvre, voyez si vous pouvez reconnoistre ces pierreries, continua-elle, en les leur presentant. Le Gouverneur & sa femme les ayant considerées avec attention, dirent que c'étoient des joyaux de quelque petit enfant. Il est vray, répondit la vieille Egyptienne, & ce papier vous apprendra à quel enfant ils estoient. Le Gouverneur ouvrant avec precipitation une maniere de lettre que l'Egyptienne luy avoit presentée, y trouva ces paroles.

La petite fille s'appelloit Constance de Azevedes & de Menesses, son pere estoit Dom Fernand de Azevedes, Chevalier de l'Ordre de Calatrava, & sa mere Guiomar de Menesses; elle fut enlevée le jour de l'Ascension à huit heures du matin, l'an mil cinq cent quatre-vingts quinze; & elle portoit alors les pierreries qui sont dans cette cassette.

Cette Dame surprise de ce qu'elle entendoit, reconnut d'abord ses pierreries, & sa joye fut si grande qu'elle s'évanoüit : Son mary courut à elle avant que de demander à l'Egyptienne des nouvelles de sa fille; & cette Dame estant un peu revenuë: Dites-moy, je vous prie, dit-elle, ce qu'est devenuë cette petite fille. Vous l'avez ceans, répondit l'Egyptienne; c'est cette jeune fille si belle, qui a versé tant de larmes devant vous. Je l'enlevay à Madrid, devant la porte de vostre maison, le jour que vous avez lû dans ce papier. Cette Dame transportée de joye courut à la chambre, où Precieuse estoit demeurée, & la trouvant au milieu de ses filles, elle luy regarda sans luy rien dire, un endroit du sein, où elle avoit un signe, qu'elle y vit. Cela joint à ce qu'avoit dit la vieille Egyptienne, & à la tendresse qu'elle avoit sentie pour Precieuse en la voyant, la confirmerent dans la pensée qu'elle estoit sa fille, & la prenant entre ses bras, elle la porta dans le cabinet où son mary & la vieille Egyptienne estoient demeurez. Precieuse estoit surprise de se voir traiter avec une amitié si extraordinaire. Estant dans le cabinet : Recevez, dit cette Dame à son mary, la jeune fille que je vous presente; c'est Constance elle-mesme, qui a esté perduë pendant tant d'années ; j'ay vû la marque qu'elle avoit, & l'amour dont mon cœur a esté touché pour elle en la voyant, ne me laisse aucune raison d'en douter. Je n'en doute pas aussi, répondit le Gouverneur, j'ay eü les mesmes sentimens que vous. Tous les domestiques de la maison du Gouverneur, estoient étonnez de voir ce qui se passoit, ils se demandoient ce que vouloit dire cette grande joye qui paroissoit dans les yeux de leur Maistre, pas un ne pouvoit deviner, & ils n'auroient jamais pû croire que cette petite Egyptienne eust esté sa fille. Le Gouverneur dit à toutes trois de tenir la chose secrete, jusqu'à ce qu'il jugeast à propos de la publier luy-mesme: Il pardonna à la vieille Egyptienne, le crime qu'elle avoit commis, de luy avoir dérobé une fille qui faisoit toute sa joye ; mais il luy dit qu'il ne pouvoit souffrir qu'elle, qui sçavoit la qualité de Precieuse, l'eust mariée à un Egyptien, qui outre cela estoit un voleur & un homicide. Il n'est point Egyptien, répondit Precieuse, il n'a jamais rien pris, & s'il a tué cét homme dont on l'accuse, il y a esté obligé pour conserver son honneur. Quoy, ma fille, reprit la Dame, l'homme à qui vous estes promise n'est pas Egyptien ? Alors la vieille prenant la parole, raconta en peu de mots l'histoire d'Andrés.

Elle dit qu'il estoit fils de Dom François de Carcame, Chevalier de saint Jac-

Jacques ; qu'il s'appelloit Dom Jüan de Carcame, & qu'il estoit Chevalier du mesme Ordre ; qu'elle avoit encore les habits qu'il portoit quand il fut receu dans la troupe, & qu'il prit ceux d'Egyptien. Elle dit aussi le pacte que Precieuse & luy avoient fait, qu'il seroit deux ans avec elle avant que de l'épouser, & leur parla de ses bonnes qualitez, de l'amour qu'il avoit pour la petite Egyptienne, & du respect qu'il luy avoit toûjours témoigné.

Le Gouverneur & sa femme ne furent pas moins étonnez du recit que la vieille Egyptienne leur avoit fait, que de la maniere extraordi-

I. Part. P

naire dont ils avoient trouvé leur fille, ils dirent à cette Egyptienne de leur faire voir les habits de Dom Jüan, elle les alla querir, & revint accompagnée d'un Egyptien qui les portoit. Quand Precieuse fut seule avec son pere & sa mere, ils luy demanderent plusieurs choses, ausquelles elle répondit avec tant d'esprit & de discretion, qu'ils en estoient ravis, & s'estant informez si elle aimoit Dom Jüan: L'amitié que j'ay pour luy, dit-elle, est une reconnoissance que je dois avoir pour l'estat d'Egyptien où il s'est reduit pour me plaire, neantmoins je suis preste à vous obeïr, & je n'auray jamais aucun dessein qui vous soit desagreable. C'est assez, Precieuse, reprit son pere, je veux que ce nom te reste, j'auray soin de te mettre dans un estat conforme à ta qualité.

Precieuse soûpira en entendant ces paroles, & sa mere comprenant par ses soûpirs qu'elle aimoit Dom Jüan, dit à son mary, que Dom Jüan de Carcame estant d'une famille illustre, & qu'ayant témoigné tant d'amour à leur fille, il ne seroit pas juste de la luy refuser. Nous ne faisons, luy répondit son mary, que de trouver Precieuse, & vous voulez d'abord que je la marie. Avant que cela soit, souffrez qu'elle demeure quelque temps avec nous, afin que j'aye le plaisir de la voir. Tres volontiers, reprit cette Dame, mais tafchez cependant de mettre Dom Jüan en liberté, il est sans doute dans un cachot. Il ne sçauroit estre ailleurs, repartit Precieuse, car le croyant voleur & homicide, & outre cela Egyptien, on ne luy a pas choisi une prison plus douce. Je vas le voir, reprit le Gouverneur, pour faire semblant de l'interroger; mais encore une fois, je vous prie de tenir cette histoire secrete, en telle maniere, que personne n'en sçache rien que je ne la dise. Alors il embrassa Precieuse, & s'en alla dans le cachot où l'on avoit mis

EGYPTIENNE.

Dom Jüan. Il y entra seul, & faisant ouvrir par le haut une petite fenestre pour avoir un peu de clarté, il le trouva les fers aux pieds & aux mains. Hé bien, vous voilà pris, luy dit-il; plûst au Ciel tenir avec vous tous les Egyptiens d'Espagne, je me ferois un plaisir de les exterminer d'une telle façon, qu'il n'en demeureroit pas un. Je viens vous apprendre insigne voleur que vous estes, que je suis le Gouverneur de cette Ville, & je veux que vous me disiez s'il est vray qu'une petite Egyptienne qui est dans vostre bande, est mariée avec vous. Andrés entendant ces paroles, crut d'abord poussé de jalousie, que le Gouverneur estoit devenu amoureux de Precieuse. Si elle vous a dit, luy répondit-il, que je suis son mary, vous devez la croire, & si elle vous a dit que je ne le suis pas, elle a dit la verité, car elle ne sçauroit mentir. C'est un grand miracle pour une Egyptienne, reprit le Juge, d'estre veritable en ses paroles ; elle m'a dit qu'elle vous estoit promise, mais ayant sçeu que vous deviez mourir en punition du crime que vous avez fait, elle veut que vous l'épousiez avant vostre mort, croyant avoir bien de l'honneur de demeurer vefve d'un larron comme vous. Je vous suplie, repliqua Andrés, faites-moy la grace qu'elle vous demande, je mourray content pour-veu que je l'épouse. Vous la devez beaucoup aimer, reprit le Juge. Mon amour pour elle, repliqua Andrés, est à un poinct que je ne sçaurois vous le dire. Je vous avouë que j'ay fait le crime dont on m'accuse, il est vray que j'ay tué cét homme pour conser-ver mon honneur, mais n'im-porte, jugez-moy, je ne de-mande de vous autre grace que celle d'épouser cette pe-tite Egyptienne, dont vous m'avez parlé. Je l'aime ten-drement, & comme mon amour a toûjours esté res-pectueux, je veux avant ma mort luy tenir ma parole. Le Gouverneur luy dit en le quittant, que la nuit suivante il l'envoyeroit querir chez luy pour l'époufer, & que le lendemain il le feroit mourir. Que par ce moyen il feroit content, & que luy il auroit fatisfait à fa Charge, qui l'obligeoit de rendre la juftice à tout le monde. Le Juge alla raconter à fa femme tout ce qui s'eftoit paffé entre Dom Jüan & luy, & ajoûta plufieurs autres chofes qu'il avoit envie de faire.

Pendant qu'il eftoit allé voir Dom Jüan en prifon, Precieufe eftant reftée feule avec fa mere, luy raconta toutes les avantures qui luy eftoient arrivées avec les Egyptiennes; elle luy dit qu'elle avoit crû eftre la fille de cette vieille qui estoit dans la bande; que neantmoins elle avoit toûjours eû des sentimens au dessus de la condition où elle se trouvoit. Sa mere la pria de luy avoüer sincerement, si elle aimoit Dom Jüan de Carcame. Precieuse rougissant à ces paroles, répondit les yeux baissez, que croyant estre née Egyptienne, & voyant qu'elle se tiroit de cét estat mal-heureux par un mariage avec un homme comme Dom Jüan, elle s'estoit attachée à luy, sur tout ayant connu ses bonnes qualitez, mais qu'elle n'estoit plus en estat de suivre son inclination, qu'elle tascheroit toûjours de conformer à sa volonté.

La nuit estant venuë, on amena Andrés sur les onze heures dans la maison du Gouverneur; on luy avoit osté les fers qu'il avoit, & on l'avoit attaché avec une chaisne qui le lioit par le milieu du corps. On le conduisit en cét estat dans un cabinet, sans estre vû de personne, dans lequel un moment aprés, un Prestre entra pour luy dire de se confesser, parce qu'il devoit mourir le lendemain.

Je voudrois auparavant, répondit Andrés, que l'on me fist épouser une petite Egyptienne, c'est la faveur que l'on m'a promise, aprés je suis prest à me confesser. Guiomar (c'est le nom de la femme du Gouverneur) ayant appris tout ce que l'on difoit à Andrés, pria fon mary de ne luy pas faire une femblable peur, qui eftoit capable de le faire mourir.

Le Gouverneur pour fatisfaire fa femme, fit appeller le Preftre, & luy dit qu'il confefferoit Andrés, aprés qu'on l'auroit marié avec Precieufe l'Egyptienne; que cependant il l'exhortaft de bien prier le Ciel, qui faifoit quelquefois des graces en des temps où il y avoit le moins d'apparence de les efperer. On fit venir Andrés dans une falle où il n'y avoit que le Gouverneur, fa femme, Precieufe, & deux de fes principaux domeftiques. D'abord que Precieufe le vit le vifage pafle, les yeux abbatus, & avec une chaîne, elle s'évanoüit entre les bras de sa mere, qui la baisant tendrement, luy dit de prendre courage, & qu'elle seroit bien-tost satisfaite.

Comme Precieuse ignoroit le dessein de son pere, elle ne sçavoit de quelle maniere elle devoit prendre ces paroles. La vieille Egyptienne, & les autres personnes qui estoient presentes, attendoient avec beaucoup de trouble la fin de cette avanture. Alors le Gouverneur s'adressant au Prestre, luy dit d'épouser ces deux personnes qu'il voyoit devant luy; ce que le Prestre ne voulut pas faire, à cause de quelques formalitez qui estoient necessaires auparavant. Le Gouverneur approuva son refus, & dit que c'estoit un coup du Ciel, qui voulant favoriser Andrés de quelque maniere extraordinaire, avoit trouvé le moyen de differer son supplice. Mais, ajoûta-il, si la fortune avançoit vostre mariage sans vous donner la mort, recevriez-vous ce bonheur, ou comme Andrés le Cavalier, ou comme Dom Jüan de Carcame ? Andrés voyant qu'il estoit connu, puisque Precieuse, dit-il, a découvert qui j'estois, l'honneur d'estre à elle me touchera plus que si je possedois tous les Royaumes du monde. Dom Jüan, reprit le Juge, avec un air obligeant, l'amour que vous avez tesmoigné à

Precieuse, merite qu'elle soit un jour vostre épouse: je vous la promets, & vous la donne dés ce moment, comme la chose qui m'est la plus chere; vous devez l'estimer, puis qu'en elle vous trouverez Constance de Menesses ma fille unique, dont la qualité est assez considerable. Andrés fut extrémement surpris des choses que le Gouverneur luy avoit dites, & apprenant de Guiomar de quelle maniere elle avoit perdu & retrouvé sa fille, que la vieille Egyptienne luy avoit dérobée, il tomba dans le dernier étonnement; neantmoins sentant son cœur remply d'une extréme joye, il embrassa le Gouverneur & sa femme, &

baisa les mains de Precieuse, qui de son costé baignoit les siennes d'une infinité de larmes. D'abord cette nouvelle fut publiée dans toute la Ville par les personnes qui avoient esté presentes, & le parent du mort l'ayant apprise, ne poursuivit pas davantage, sçachant bien que la rigueur de la Loy qui punissoit l'homicide, ne s'exerçoit pas sur le gendre du Gouverneur, mais il se contenta de deux mil écus qu'on luy promit, pour le consoler de la perte qu'il avoit faite. Dom Jüan prit ses premiers habits de Cavalier, que la vieille Egyptienne luy avoit toûjours conservez ; sa prison & ses chaisnes furent changées en plaisirs & en liberté, toute la troupe des Egyptiens fut renvoyée avec plusieurs presents que Dom Jüan leur fit ; & voyant que Clement n'y estoit pas, il le fit chercher par tout, jusqu'à ce qu'il apprit quelques jours après, qu'il s'estoit embarqué au Port de Cartagene, sur des Galeres qui passoient en Italie. Le Gouverneur dit à Dom Jüan, qu'on luy avoit écrit de la Cour que son pere Dom François de Carcame venoit en sa place pour estre Gouverneur de Seville, & qu'il estoit d'avis de l'attendre pour celebrer la réjoüissance du mariage. Dom Jüan entra dans sa pensée, mais il luy dit qu'il pouvoit cependant

dant épouser Precieuse; ce qu'il fit peu de jours aprés. Toute la Ville, qui aimoit extrémement le Gouverneur, témoigna sa joye par des feux d'artifice & des courses de bagues. La vieille Egyptienne ne voulut pas quitter Precieuse, qu'elle avoit fait passer pour sa fille depuis plusieurs années. La nouvelle de ce mariage alla jusqu'à la Cour; où Dom François de Carcame apprit que cét Egyptien qui épousoit Precieuse, estoit son fils; elle luy avoit paru si belle à Madrid, qu'il ne pût alors condamner l'amour que Dom Jüan avoit pour elle, sur tout apprenant que cette petite Egyptienne estoit reconnuë pour la fille d'un homme aussi illustre que Dom Jüan d'Azevedes. La joye qu'il eust de trouver son fils, qu'il croyoit avoir perdu pour toûjours, l'obligea de hâter son départ pour l'embrasser. On recommença à son arrivée, les réjoüissances publiques, on luy raconta toutes les choses que nous avons dites ; & les Poëtes du païs publierent dans leurs Vers, la beauté & l'histoire extraordinaire de la petite Egyptienne.

Cette fille chez qui Andrés avoit logé, & qui avoit esté la cause de son mal-heur, avoüa qu'il n'estoit pas coupable du larcin dont elle l'avoit accusé, mais que luy ayant découvert l'amour qu'elle avoit pour luy, & le trouvant insensible à ses paroles, elle s'estoit servie de ce moyen pour se vanger. Dom Jüan fut satisfait de cét aveu, sans vouloir souffrir qu'elle receut aucune punition de son crime; & le reste du jour se passa dans la joye, les festins & les magnificences.

LEOCADIE,
OU
LA FORCE
DU SANG.

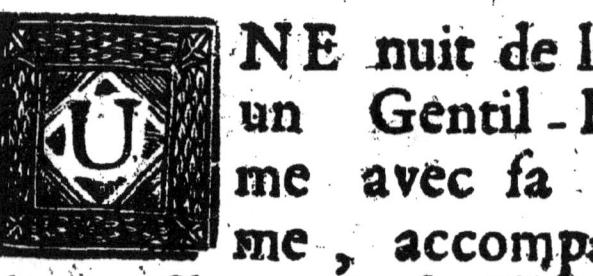NE nuit de l'Eſté un Gentil-homme avec ſa femme, accompagné de ſon fils, & de ſa fille âgée de ſeize ans, venoit de ſe

promener sur le bord de la riviere qui passe à Tolede, la nuit estoit claire, l'air tranquille, il estoit onze heures, il n'y avoit personne à la promenade, & ils marchoient lentement pour ne pas se fatiguer, & pour y prendre plus de plaisir. Comme la Justice de Tolede maintient un bon ordre dans la Ville pour la seureté publique, & que le peuple n'y est pas méchant, ce Gentilhomme retournoit de cette promenade, l'esprit bien éloigné du mal-heur qui luy devoit arriver, & qui depuis luy a coûté tant de pleurs. Un jeune homme de Tolede, nommé Rodolphe, âgé de vingt-deux ans, d'une maison considerable, riche, mais libertin, & que les mauvaises compagnies qu'il frequentoit, avoient extrémement corrompu, accompagné de quatre de ses amis, aussi jeunes & aussi insolents que luy, passoit dans le mesme lieu où ce Gentilhomme se promenoit avec sa famille, en s'approchant de luy, ils se couvrirent le visage de peur d'estre reconnus, & venant effrontément regarder la femme de ce Gentilhomme & sa fille, ils l'obligerent de blâmer leur impudence, & de leur dire d'autres choses, dont ils se moquerent, en continuant leur chemin.

Rodolphe ayant vû Leocadie (c'est ainsi que s'appelloit

la fille de ce Gentil-homme) fit reflexion sur sa beauté, & s'en trouvant extrémement touché, il conceut d'abord en luy-mesme, le dessein de satisfaire sa passion à quelque prix que ce fust. Il découvre sa pensée à ses camarades, & comme les gens riches & liberaux trouvent facilement des personnes qui leur déguisent leurs crimes, & qui contribuent à les faire reüssir, ils luy offrirent leur service, pour enlever Leocadie. La chose estant resoluë en ce moment, ils se mirent en estat de l'executer, & se couvrant le visage d'un linge, comme ils avoient déja fait, pour ne pas estre connus, ils retournerent sur leurs pas, & Rodolphe

phe ayant approché Leocadie, & la prenant entre ses bras, l'enleva, sans que la peur qui la saisit d'abord, & qui la fit évanoüir, luy permit de se deffendre. Son évanoüissement luy ostant toute sorte de sentiment, elle ne vit ny celuy qui la portoit, ny le lieu où on l'avoit mise. Son pere crioit pour avoir du secours, sa mere s'arrachant les cheveux, versoit une infinité de larmes ; mais la nuit estant déja avancée, & n'y ayant personne au lieu où ce malheur étoit arrivé, les pleurs & les cris des parens de Leocadie leur furent également inutiles, & ils s'en allerent accablez de la derniere douleur.

Comme ils pensoient aux mesures qu'ils devoient prendre pour avoir raison de ce crime, ils ne sçavoient à quoy se déterminer ; ils craignoient qu'ayant recours à la Justice, ils ne découvrissent eux-mesmes aux yeux de tout le monde la honte de leur famille, & d'ailleurs ne connoissant pas le coupable, & se voyant pauvres & sans amis, ils estoient reduits à ne se plaindre que de leur mauvaise fortune.

Rodolphe avoit déja porté Leocadie dans un appartement separé qu'il avoit dans la maison de son pere, & ayant pris ses mesures afin qu'elle ne reconnust pas les ruës par où elle passoit, & la maison où on la devoit mettre, il luy avoit couvert les yeux sans resistance, parce qu'elle estoit encore évanoüie. Il avoit déja satisfait sa passion, avant qu'elle revinst à elle; & comme le crime est toûjours suivy de beaucoup de repentir, Rodolphe aprés avoir eü de Leocadie ce qu'il avoit souhaité, ayant un grand dégoust pour ce qu'il avoit fait, resolut la croyant encore évanoüie, de la porter en cét estat au milieu de la ruë. Comme il estoit sur le poinct d'executer sa resolution, il sentit remuer cette fille, qui commençoit à reprendre ses sens. Où suis-je mal-heureuse, disoit-elle, estonnée de l'estat où elle estoit? Quelle obscurité m'en vironne ? Suis-je encore innocente dans ce lieu, où en dois-je sortir couverte de honte. En disant ces paroles, se sentant sur un lit, & trouvant une main auprés d'elle : Ciel, continua-elle, qui est la personne qui me touche ? Moy sur un lit ; Puis adressant sa parole à son pere & à sa mere, qui ne luy répondoient pas: Mal-heureuse, reprit-elle, je voy bien que mon pere ne m'entend pas, & que je ne suis environnée que de mes ennemis. Que mon bon-heur seroit grand, si ces tenebres duroient toûjours, & si le lieu où l'on m'a mise, quel qu'il soit, pouvoit me servir de tombeau, & cacher mon mal-heur aux yeux de tout le monde. Je pense à cette heure, & il m'en souviendra toute ma vie, qu'estant tantost avec mon pere, on m'a fait une grande violence, & je me doute de ce qui peut m'estre arrivé. Puis tenant la main de Rodolphe : O toy qui que tu sois, reprit-elle, qui es icy auprés de moy, si ton cœur peut estre touché de quelque sorte de compassion, je te suplie de m'oster la vie; ne crains pas d'estre cruel, aprés la violence que tu m'as faite, ce sera me témoigner beaucoup de douceur que de me faire mourir.

Comme Rodolphe tout insolent qu'il estoit, n'avoit pas accoûtumé de commettre de semblables crimes, il estoit troublé des reproches que luy faisoit Leocadie, sans oser luy répondre une seule parole, voyant qu'elle ne pouvoit rien tirer de luy, & persuadée du mal-heur qui luy estoit arrivé, elle recommença ses plaintes, qu'elle interrompit d'une infinité de larmes. Temeraire jeune homme, luy dit-elle, je te pardonne l'outrage que tu m'as fait, pourveu que tu me jures de n'en parler jamais. La faveur que je te demande est peu de chose, mais en l'estat où je suis, tu ne peux rien faire pour moy qui me touche davantage ; je n'ay jamais vû ton visage, & je ne veux le voir de ma vie ; c'est assez que je me souvienne de mon mal-heur, sans avoir encore le déplaisir de conserver dans ma memoire l'image de celuy qui me l'a causé. Le Ciel est le seul témoin que je veux avoir de mes larmes, & je veux cacher ma douleur aux yeux du monde, qui ne voulant pas connoistre la verité, ne juge des choses que par les évenemens. Le discours que je te fais devroit sortir de la bouche d'une fille plus experimentée que je ne le suis, mais la douleur extréme que je sens suplée à mon âge, & l'esperance que j'ay de te persuader la verité de mes paroles, me fait attendre quelques remedes à mes maux, tu me peux contenter facilement, ne penses pas que le temps puisse jamais adoucir le juste ressentiment que j'ay contre toy ; ne tasches pas de l'augmenter par de nouvelles violences, & que plûtost le souvenir de l'injure que tu m'as faite, modere l'excez de ta passion. Porte-moy dans une ruë, d'où je puisse aller à la maison de mon pere ; ne me suis point pour l'apprendre ; ne me demandes ny mon nom, ny celuy de mes parens, & sois persuadé que s'ils estoient aussi riches pour avoir les moyens de se vanger de toy, comme ils sont nobles, ils ne seroient pas reduits à souffrir que tu m'eusses impunément deshonorée.

Comme Leocadie voyoit que Rodolphe ne luy répondoit rien, parce qu'il craignoit peut-eftre d'eftre reconnu à la voix : Tu ne me réponds point, continua-elle, ne me laiſſe pas dans l'incertitude où je ſuis, de ſçavoir tes ſentimens; parle ſans avoir peur que ta voix me ſoit connuë. Hors mon pere, je n'ay jamais parlé à un homme, & j'en ay ſi peu entendu d'autres, que je n'en pourrois connoiſtre aucun à ſa parole.

La réponſe que fit Rodolphe aux diſcours de Leocadie, fut de s'approcher d'elle, & de ſe mettre en eſtat de luy faire de nouvelles violences; mais cette fille ſentant tout d'un coup allumer en ſon cœur une colere extréme, ſe deffendit des emportemens de ce jeune homme, avec plus de force, que son âge ne sembloit luy en devoir promettre. Perfide, luy dit-elle, sois persuadé que si tu as eû de moy ce que tu as souhaité avec tant de passion, ayant perdu tous mes sens je n'estois pas en estat de me deffendre, mais presentement que je puis resister à ton insolence, je suis resoluë de mourir plûtost que de la souffrir : Tuë-moy traître, aussi bien la vie m'est-elle odieuse.

Enfin Leocadie resista si genereusement, que Rodolphe ne pût jamais en venir à bout; il sortit de sa chambre sans rien dire, pour aller chercher ses camarades, & pour leur demander ce qu'il devoit faire. Leocadie se sentant seule, se leva du lit où elle estoit, elle fit le tour de cette chambre, & comme la nuit duroit encore, elle suivoit les murailles avec les mains afin de trouver la porte pour sortir; mais voyant qu'elle estoit fermée, elle ouvrit une fenestre qu'elle rencontra quelques momens aprés. La clarté de la Lune entra dans la chambre, & distinguant les couleurs des tapisseries, la riche broderie du lit, & les autres meubles magnifiques, elle prenoit plûtost cette chambre pour celle d'un Prince, que pour celle d'un particulier. La fenestre estoit grande, & garnie d'un treillis de fer, elle donnoit sur un jardin, dont les murailles estoient hautes ; ce qui luy fit connoître qu'il luy estoit impossible de sortir du lieu où elle se voyoit. Parmy toutes les choses qu'elle y trouva, qui luy persuaderent que le maistre de cette maison devoit estre un homme riche & de qualité, elle apperceut sur un cabinet une petite croix d'argent, elle la mit dans sa poche, non pas tant par pieté, qu'afin de s'en servir dans l'occasion pour un dessein qu'elle avoit; & en suite fermant la fenestre, elle s'alla remettre sur le lit, attendant la fin qu'auroit son mal-heur.

A peine y eut-elle passé demie heure, qu'elle oüit ouvrir la porte de la chambre, & sentit une personne qui s'approchant d'elle, & luy bandant les yeux, sans luy rien dire, la prit entre ses bras, & la porta hors du lieu où elle estoit.

Cette personne estoit Rodolphe, qui estoit sorty pour chercher ses compagnons, mais il revint sur ses pas, sans vouloir de pareils témoins de l'outrage qu'il avoit fait à Leocadie. Il resolut au contraire de leur dire, qu'ayant esté touché des larmes de cette fille, il l'avoit laissée au milieu du chemin sans luy faire aucune violence.

Comme il craignoit que le jour parut, & qu'il ne fut obligé de la garder dans sa chambre jusqu'à la nuit suivante, (ce qui l'auroit fait reconnoître) il se hasta de la porter dans une place, & luy dit en la quittant, qu'elle pouvoit s'en retourner sans avoir peur qu'on la suivist.

Avant que Leocadie eust osté son bandeau, Rodolphe eut loisir de s'en aller sans estre vû. Se voyant seule, & connoissant l'endroit où on l'avoit mise, elle regarda de toutes parts, pour voir si elle ne découvriroit personne; neantmoins craignant qu'on ne la suivist elle se tournoit à chaque pas, & pour tromper ceux qu'on pourroit avoir envoyez aprés elle, elle entra dans une porte qu'elle trouva ouverte, d'où sortant quelque temps aprés, elle alla à la maison de son pere. Il estoit dans la derniere douleur, & sa mere croyant l'avoir perduë pour jamais, estoit incapable de toute consolation. Comme ils la virent paroistre, ravis de la voir ils coururent d'abord l'embrasser, & baignerent son visage d'une infinité de larmes. Elle leur raconta en particulier l'histoire de son mal-heur, elle leur dit qu'elle n'avoit jamais pû connoistre celuy qui en estoit la cause, & aprés leur fit un détail de tous les meubles magnifiques qu'elle avoit veus dans la chambre où on l'avoit portée; elle tira de sa poche la Croix d'argent qu'elle avoit prise, & devant ce Crucifix renouvellant sa douleur, elle demanda au Ciel la vangeance de l'injure qu'on luy avoit faite. Elle ajoûta, que quoy qu'elle ne vouluſt jamais connoiſtre celuy qui l'avoit deshonorée, neantmoins on en pourroit facilement venir à bout, en faiſant publier dans les Egliſes ſi quelqu'un avoit perdu une Croix d'argent. Ce moyen, luy répondit ſon pere, ſeroit bon pour ton deſſein, ſi la malice ordinaire ne trouvoit le biais de l'éluder ; car celuy qui a perdu cette Croix, ſe perſuadant que ce ne pourroit eſtre que toy qui l'euſt priſe, il cacheroit ſon nom, & il envoyeroit une autre perſonne pour la demander. Ainſi, ma fille,

fille, je te conseille de la garder, & de la prier que comme elle a esté le témoin de ton mal-heur, elle punisse celuy qui en est la cause. Quelque consolation que les parens de Leocadie tâchassent de luy donner par leurs paroles, & par les marques de leur tendresse, neantmoins elle ne pouvoit cesser de pleurer, elle ne voulut plus paroître, & n'ayant qu'un habit tout simple, elle passoit sa vie éloignée des yeux du monde.

Rodolphe revenant dans sa chambre, vit d'abord que sa petite Croix d'argent n'y estoit plus ; mais se doutant bien qu'il n'y avoit que Leocadie qui pûst l'avoir prise, &

estant assez riche pour souffrir une semblable perte, il n'en dit rien à personne; il se prepara à un voyage qu'il devoit faire en Italie depuis long-temps, à la persuasion de son pere, qui luy disoit qu'il n'estoit pas honneste qu'un jeune homme de qualité n'eust jamais vû que son païs. En peu de jours son équipage fut prest, & son pere luy ayant donné tout l'argent qui luy estoit necessaire, il partit avec deux de ses camarades, ravy d'aprendre de quelques personnes les plaisirs qu'on trouvoit en France & en Italie, & oubliant entierement le crime qu'il avoit commis, comme s'il ne fust jamais arrivé.

Cependant Leocadie vivoit dans la maison de son pere avec toute la retenuë imaginable; elle ne frequentoit personne, craignant toûjours qu'en la voyant, on ne découvrit son mal-heur dans ses yeux. Quelque temps aprés se sentant grosse, ses déplaisirs recommencerent avec plus de violence qu'auparavant; & quelque chose que luy pûst dire sa mere pour la consoler, elle ne pouvoit l'empescher de pousser une infinité de soûpirs, & de pleurer sa mauvaise fortune. Enfin le moment vint qu'elle accoucha; la chose se fit si secretement, que se défiant de tout le monde, elle ne voulut le secours d'aucune femme, que de sa mere. Comme cét accouchement avoit esté fort caché, ce fut aussi avec le mesme secret que l'enfant fut porté à la campagne, pour y estre nourry. Il y fut jusqu'à l'âge de quatre ans, & au bout de ce temps-là, le pere de Leocadie le fit venir dans sa maison, disant qu'il estoit son neveu.

Cét enfant qu'on appella Loüis, avoit le visage parfaitement beau, le naturel doux, l'esprit vif, & il laissoit voir dans ses actions quelque chose de si noble, qu'on jugeoit facilement de la grandeur de sa naissance. Quand on le menoit dans quelque lieu public, il ravissoit tout le monde par ses manieres agreables,

& on le combloit de benedictions. Il n'avoit pas encore atteint l'âge de sept ans, qu'il estoit déja fort avancé, & ses parens sçachant que la vertu est un bien qui n'est point sujet au pouvoir de la fortune, ils firent tout leur possible pour luy en donner.

Un jour son ayeule l'envoyant chez une de ses parentes, il passa dans une place de la Ville, où quelques personnes de qualité couroient la bague, il s'arresta pour les voir, & voulant aller de l'endroit où il estoit, dans un lieu plus commode, un cheval fougueux qu'on ne pouvoit gouverner, le jetta par terre, & passa sur luy. Commeil étoit étendu sur la place, & qu'ayant esté extrémement blessé à la teste, il avoit perdu beaucoup de sang, on crût qu'il estoit mort. Un homme des plus qualifiez de la Ville, assez vieux, touché du malheur qui estoit arrivé à cét enfant, courut au lieu où il estoit, & sans avoir égard ny à son âge, ny à ce qu'on diroit de luy, descendant de son cheval, il le prit d'entre les bras de celuy qui le tenoit, & le porta luy-mesme dans sa maison, faisant appeller les Chirurgiens les plus habiles pour le panser. Il fut suivy de plusieurs de ses amis, qui estoient sensiblement touchez de cét accident. Le bruit en courut d'abord par tout, & comme on sçavoit que cét enfant estoit neveu d'un Gentilhomme fort connu dans la Ville, il ne fut pas long-temps sans apprendre cette triste nouvelle. Leocadie, sa mere accompagnée de ses parens, tous transportez de douleur, coururent d'abord le chercher; & comme celuy qui l'avoit porté dans sa maison, estoit une personne considerable, ils apprirent aisément le lieu où on l'avoit mis; y estant accourus, & le trouvant entre les mains des Chirurgiens, ils ne pûrent s'empescher de faire des cris, qui estoient suivis de beaucoup de larmes. Le Maistre de la maison où ils estoient, tâchoit de les consoler par toutes les raisons qu'il leur pouvoit dire; mais ce qui contribua le plus à soulager leur douleur, ce fut quand les Medecins leur dirent que la playe de cét enfant n'estoit pas si dangereuse qu'ils l'avoient cruë.

Pendant qu'on le pansoit, il revint à luy; il estoit bien-aise de voir ses parens, qui luy demanderent comme il se portoit : Il leur répondit, qu'il ne sentoit aucun mal qu'à la teste. Les Medecins jugeans qu'il n'estoit pas à propos de le faire parler davantage, prierent les gens de se retirer.

En sortant de cette maison, le pere de Leocadie remercia celuy qui témoignoit tant d'affection pour son neveu; mais

mais il luy dit que ce qu'il avoit fait ne meritoit pas des paroles si honnestes ; que la raison qui l'avoit obligé à courir à cét enfant, d'abord qu'il l'eust vû par terre, estoit parce qu'il ressembloit parfaitement à son fils, qu'il aimoit avec beaucoup de tendresse. Il ajoûta qu'il le prioit de n'en estre point en peine, & qu'il en auroit tout le soin possible jusqu'à ce qu'il fust entierement guery.

Les parens de Leocadie étonnez de voir tant de marques d'amitié dans un homme, avec qui ils n'avoient eu jusqu'alors aucune liaison particuliere, s'en retournerent fort consolez ; mais Leocadie se trouva bien dans une autre

I. Part. T

surprise, ayant appris des Medecins que son enfant n'étoit pas blessé dangereusement ; & sa douleur estant par là un peu adoucie, elle examina attentivement la chambre où elle estoit ; & aprés avoir reconnu plusieurs choses qu'elle y avoit veuës en un autre temps, elle ne douta plus que ce ne fust la mesme où elle avoit esté portée. Les mesmes tapisseries n'y estoient pas, mais elle vit la fenestre qui donnoit sur le jardin ; elle remarqua le cabinet où elle avoit pris la Croix d'argent, & s'arrestant principalement à considerer le lit où son fils estoit couché, elle fut persuadée par plusieurs choses qu'elle reconnut, que c'eſtoit le lieu mal-heureux où elle avoit eſté deshonorée. Enfin ce qui acheva de la convaincre entierement, furent les degrez qu'elle avoit comptez quand Rodolphe la fit deſcendre de ſa chambre pour la mettre à la ruë, & qu'elle compta encore une fois quand elle ſortit d'auprés de ſon fils. Elle dit à ſa mere tout ce détail, & la pria de s'informer adroitement de celuy chez qui eſtoit ſon enfant, s'il n'avoit pas quelque fils. Ayant appris de luy-meſme qu'il en avoit un, qui depuis ſept ans voyageoit en France & en Italie, elle dit toutes ces choſes à ſon mary; & voyant avec ſa fille, que leurs conjectures se rapportoient entierement, ils attendirent du Ciel ce qu'il voudroit ordonner de leur fortune.

Cependant leur enfant se trouva en peu de temps hors de danger, & fut en un mois en estat de se lever. Pendant sa maladie, sa mere le visitoit tous les jours, & rencontrant ordinairement dans la chambre Estefanie, qui estoit la Maîtresse de la maison ; elle luy témoignoit toute la reconnoissance possible du soin qu'elle en avoit.

Un jour Estefanie luy dit, que cét enfant ressembloit tellement à un fils qu'elle avoit, qu'elle ne le regardoit jamais qu'elle ne crûst avoir son fils devant ses yeux,

Comme Leocadie, suivant le conseil de son pere, cherchoit l'occasion de dire à cette Dame le mal-heur qui luy estoit arrivé, elle crût devoir prendre ce temps-là : Madame, luy dit-elle, quand on vint dire à mon pere l'accident qui estoit arrivé à son neveu, il crût que le Ciel l'avoit abandonné, & qu'il le vouloit accabler de mal-heur, en luy ostant un enfant qui faisoit toute sa consolation ; mais comme il ne permet jamais aucun mal, qu'il n'en donne en mesme temps le remede, il a voulu que cét enfant l'ait trouvé dans vostre maison, où il m'est arrivé une chose qui vous surprendra, & dont je ne perdray jamais le souvenir. Je suis sortie d'une famille noble, & en quelque endroit que mes parens ayent esté, ils ont eü assez de biens de la fortune pour soûtenir leur naissance.

Ce commencement de discours surprit cette Dame, qui estoit charmée du jugement de Leocadie, & de la grace dont elle accompagnoit ses paroles; elle attendit qu'elle eust achevé, sans l'interrompre d'un mot. Leocadie luy apprit l'outrage que son fils luy avoit fait, & luy dit qu'il l'avoit enlevée, secouru de quelques-uns de ses camarades; qu'il luy avoit fermé les yeux, & qu'il l'avoit menée dans sa chambre, que c'estoit celle où elle estoit alors, comme elle l'avoit reconnuë par plusieurs choses qu'elle y avoit remarquées la nuit de son mal-heur ; & pour persuader entierement Estefanie de la verité de ses discours, elle luy presenta la Croix d'argent qu'elle avoit prise sur le cabinet qui estoit encore dans cette chambre.

Aprés ces marques, Madame, reprit Leocadie, vous ne pouvez douter que cét enfant ne soit à vostre fils : Le Ciel a voulu qu'il fust blessé comme il l'a esté, afin que le conduisant par ce moyen dans vostre maison, j'y trouvasse moy-mesme quelque soulagement à ma peine. En prononçant ces dernieres paroles, elle s'évanoüit entre les

T iiij

bras d'Estefanie, qui ayant le cœur tendre & genereux, & touchée de l'estat où estoit Leocadie, l'embrassa tendrement, baignant son visage de larmes.

Ces deux femmes estoient en cét estat, quand le mary d'Estefanie entra dans la chambre, menant cét enfant par la main, étonné de voir tant de pleurs, il les pressa extrémement pour en sçavoir la cause. J'ay beaucoup de choses à vous dire, luy répondit Estefanie; mais pour à cette heure, c'est assez que vous sçachiez que la malheureuse que vous voyez en cét estat, est la femme de vostre fils, & que cét enfant est aussi à luy. Je viens d'apprendre cela d'elle-mesme, & nous ne devons point en douter, puis qu'il y a déja long-temps que nous voyons que cét enfant luy ressemble. Je ne sçay, Madame, luy répondit-il, tout troublé, ce que vous me voulez dire ; & si vous ne vous expliquez plus clairement, je ne comprens rien à vos paroles.

Alors Leocadie revint à elle, le visage couvert de larmes, dont ce Gentilhomme estoit extrémement touché; & ayant appris de sa femme toutes les choses que Leocadie luy avoit racontées, il en fut persuadé, admirant les moyens dont le Ciel se sert pour mettre fin à nos mal-heurs.

Aprés avoir embrassé Leocadie, il luy dit toutes les choses qui pouvoient la consoler, il écrivit ce mesme jour à son fils qui estoit à Naples, & luy mandant qu'il avoit trouvé une fille extrémement belle pour le marier ; il luy dit de revenir au plûtost, afin de conclure le mariage ; cependant il retint Leocadie dans sa maison, sans vouloir souffrir qu'elle retournast chez ses parens.

Rodolphe ayant receu la lettre de son pere, qui luy promettoit une si belle femme, fut dans l'impatience de la voir ; trouvant que quatre Galeres devoient partir pour aller en Espagne, il prit cette occasion, & s'embarquant pour Barcelone avec ses deux camarades, qui ne l'avoient pas quitté pendant tout le voyage, de là en peu de jours il arriva heureusement à Tolede, il entra dans la maison de son pere avec un habit fort galant & fort magnifique, il y fut receu avec beaucoup de joye, & Leocadie s'estant cachée par l'ordre d'Estefanie, le regardoit sans qu'on la pûst voir. Les camarades de Rodolphe qui l'avoient accompagné jusques dans sa maison, voulant prendre congé de luy, Estefanie les pria de rester, luy estant necessaires pour son dessein.

Quand Rodolphe arriva, l'on estoit prest à souper, Estefanie ne doutant pas que ces deux amis de son fils ne fussent avec luy quand il enleva Leocadie, les pria instamment de luy dire comme la chose s'estoit passée; qu'ils ne craignissent pas de s'attirer aucune affaire; qu'il estoit de la derniere consequence, pour l'honneur & pour le repos de toute sa famille, qu'elle en sçeut la verité. Elle les pressa si fort, & leur persuada si bien qu'elle ne parleroit jamais à personne de ce qu'ils luy diroient là dessus, qu'ils ne pûrent s'empescher de luy tout découvrir. Ils luy avoüerent qu'une nuit d'Esté en une certaine année, estant avec Rodolphe, ils luy donnerent moyen d'enlever une fille, en empeschant son pere de la deffendre, que Rodolphe l'avoit menée dans sa chambre, comme il le leur dit le lendemain, & que c'estoit là tout ce qu'ils avoient sçeu de cette affaire.

Aprés cét éclaircissement, Estefanie ne douta plus de ce que Leocadie luy avoit raconté. Ayant remercié ces deux jeunes hommes, elle mena Rodolphe dans un cabinet, & estant seuls, elle luy montra le portrait d'une fille, luy disant que c'estoit le portrait de celle que son pere & elle avoient choisie pour estre sa femme, & que si elle estoit laide, sa noblesse, ses biens & sa vertu, adouciroient ce defaut,

Rodolphe confiderant attentivement ce portrait, ne pouvoit fe refoudre à époufer une fille fi laide; & aprés avoir dit à fa mere qu'il fuivroit toûjours fes fentimens, & fur tout dans le choix d'une femme, il ajoûta qu'il falloit quelquefois avoir un peu de complaifance pour un fils, & principalement en ce qui regardoit le mariage, que de luy faire époufer une fille qu'il n'aimoit pas; c'eftoit l'engager dans un mal-heur qui duroit toute la vie; que la vertu & les richeffes pouvoient bien donner quélque contentement à l'efprit, mais qu'il eftoit impoffible qu'une laide femme pûft jamais toucher le cœur. Je fçay que je fuis jeune, continua-il, neantmoins je suis persuadé que si en se mariant l'on n'a de l'inclination pour la personne qu'on épouse, que l'on est obligé d'avoir toûjours devant ses yeux, le mariage donne un grand degoust.

Je vous prie, ajoûta-il, d'un ton pressant, donnez-moy une femme qui puisse me plaire, & avec qui je puisse vivre heureusement; celle dont vous me parlez estant aussi riche & aussi sage que vous le dites, ne manquera pas de trouver quelqu'un qui n'ayant pas mon mesme goust, sera bien aise de l'épouser. Pour moy, je vous avouë que la beauté est la chose principale que je cherche; car pour la noblesse je la trouve dans ma famille, la vertu seule ne fait pas aussi mon unique plaisir, & pour les biens de la fortune, j'en auray toûjours assez pour m'empescher d'en souhaiter davantage. La beauté me touche, c'est toute la douceur que je puisse trouver dans le mariage, & la seule chose qui soit capable de me rendre heureux.

Estefanie bien aise de voir son fils dans ces sentimens, qui pouvoient contribuer au dessein qu'elle avoit, de luy faire épouser Leocadie, luy dit de ne se point mettre en peine, qu'elle le marieroit suivant ses inclinations ; & puis qu'il ne vouloit pas la personne dont il avoit vû le portrait, qu'il ne seroit pas difficile de retirer

sa

sa parole. L'heure du souper estant venuë, Estefanie, son mary, Rodolphe & ses camarades, se mirent à table. Estefanie feignant d'avoir oublié Leocadie, & se sçachant mauvais gré de l'incivilité qu'elle avoit pour les gens qui estoient chez elle, l'envoya prier de venir souper avec eux ; qu'il n'y avoit personne à table que deux de ses amis, & ses enfans; toutes ces choses estoient concertées.

Peu de temps aprés elle vint, & parut avec une beauté si naturelle & si charmante, que tout le monde en fut ravy; elle avoit un habit de velours noir, garny de boutons d'or, un collier de perles de grand prix, ses cheveux qui estoient parfaitement beaux, & en grande quantité, estoient entrelassez de diamans, dont l'éclat éblouïssoit les yeux de tous ceux qui la regardoient. Deux filles marchoient devant elle avec deux flambeaux d'argent, & elle menoit son enfant par la main.

D'abord qu'on la vit approcher, toute la compagnie fut tellement charmée de la voir, que s'estant levée pour la saluer, personne ne pût dire une seule parole. Elle leur rendit leur civilité avec une grace admirable, & Estefanie la prenant par la main, pour la faire mettre à table, la plaça vis à vis de Rodolphe, & son enfant auprés d'elle.

Rodolphe ne pouvant cesser d'admirer les charmes de Leocadie, disoit en luy-mesme, qu'il seroit trop heureux, si celle qu'on destinoit pour estre sa femme, approchoit de la beauté qu'il voyoit.

Pendant tout le souper, il eut les yeux toûjours attachez sur Leocadie, & il sentit son cœur touché pour elle d'un amour extréme.

Elle de son costé le regardant quelquesfois, trouva en luy tant d'agrémens, qu'elle ne pût s'empescher d'y estre sensible; mais aprés se souvenant du malheur qui luy estoit arrivé, & craignant de n'estre pas assez heureuse pour voir son honneur reparé par le mariage, qu'elle souhaitoit, elle se sentit pressée d'une douleur si grande, qu'elle tomba évanoüie, perdant toute l'esperance que son pere luy avoit donnée.

Estefanie qui la receut entre ses bras, estoit dans le dernier déplaisir ; tous ceux qui estoient à table, accoururent pour la secourir, & principalement Rodolphe, qui par ses empressemens faisoit voir le trouble où il estoit. Quelque chose qu'on fist pour la tirer de l'estat où elle se trouvoit, elle ne pouvoit reprendre ses-sens, son poulx diminuoit à chaque moment, & les domestiques publiant avec imprudence par toute la maison qu'elle estoit morte, ce bruit vint jusqu'à ses parens, qu'Eſtefanie avoit fait cacher à deſſein de les faire paroiſtre quand il ſeroit neceſſaire, pour augmenter le plaiſir de la compagnie.

Ils accoururent à la chambre où eſtoit Leocadie, & la trouvant ſans aucun ſentiment, ils furent accablez de douleur.

Rodolphe s'eſtoit auſſi évanoüy ſur le ſein de cette fille, ſa mere le voyant en cét eſtat, fut ſur le poinct de mourir; mais peu de temps aprés, s'appercevant qu'il revenoit à luy, honteux de la foibleſſe qu'il avoit témoignée : Rodolphe ne rougiſſez point, luy dit-elle, de ce qui vous eſt arrivé. Quand vous ſçaurez une chose que je reservois à vous dire en un temps plus agreable, vous mourriez de déplaisir d'avoir paru insensible en cette occasion.

La mal-heureuse que je tiens entre mes bras, est la femme que nous vous avions destinée, & celle que vous avez veuë dans le portrait que je vous ay presenté, n'estoit qu'une feinte.

Quand Rodolphe eut oüy ces paroles, sentant en son cœur un amour extreme pour Leocadie, qu'il regardoit alors comme son épouse, il l'embrassa tendrement, & la remplit de ses larmes. Les parens de cette fille faisoient des cris, Estefanie & son mary estoient inconsolables, & tous ceux qui voyoient ce funeste accident estoient touchez d'une extréme douleur.

Pendant cette confusion, elle commença un peu à revenir, elle donna quelque esperance, & chacun redoublant ses soins auprés d'elle, on la remit parfaitement.

Comme elle fut entierement revenuë, surprise de se trouver entre les bras de Rodolphe, elle voulut s'en débarasser; mais ce jeune homme la tenant embrassée avec plus de force qu'auparavant: Ne croyez pas, luy dit-il, que vous puissiez jamais vous éloigner d'un homme qui vous aime aussi tendrement que je fais.

Estefanie sans differer plus long-temps, ne trouvant aucun empeschement au mariage, les fit épouser devant un Prestre que l'on avoit appellé. La ceremonie estant achevée, la joye fut répanduë dans toute la maison, les parens de Leocadie embrasserent Rodolphe, loüant le Ciel de la grace qu'il faisoit à leur fille, & ses compagnons furent ravis d'avoir part à une feste si generale. Estefanie raconta l'histoire de Leocadie, & elle dit que c'estoit elle-mesme que Rodolphe avoit enlevée. Ce jeune homme surpris des discours de sa mere, pour estre encore mieux persuadé d'une chose dont il ne doutoit pas, pria Leocadie de luy

luy en donner quelque marque.

La priere que vous me faites, luy répondit-elle, m'oblige de renouveller ma douleur; mais sans entrer dans un détail que je veux oublier, cette Croix d'argent que tient vostre mere, & que je trouvay sur un cabinet, doit contenter vostre curiosité, puis qu'il n'y avoit que moy seule qui pouvoit l'avoir prise.

Rodolphe sans vouloir en apprendre davantage, l'embrassa avec toute la tendresse possible, & ne pensant plus qu'à son bon-heur, il fit commencer le divertissement qu'on avoit preparé. Il baisa son fils plusieurs fois, ses parens & ceux de Leocadie pleuroient de joye, & il n'y eust personne dans toute la maison qui n'eust un plaisir extréme. Le mariage de ces deux amants a toûjours esté remply de douceur, ils vivent encore à Tolede avec la mesme tendresse, & les enfans qu'ils ont eüs, empescheront que leur histoire soit jamais oubliée. Telle est la FORCE du Sang, qui découvre les choses les plus cachées.

LE DOCTEUR VIDRIERA.

EUX jeunes hommes de qualité passant sur le bord de la riviere de Tormes, trouverent un garçon âgé de onze ans, mal habillé, qui dormoit au pied d'un arbre ; l'ayant fait éveiller par

X ij

un de leurs laquais, ils luy demanderent de quel païs il estoit, & pourquoy il s'estoit endormy dans ce lieu. Il leur répondit, qu'il avoit oublié son nom, & qu'il alloit à Salamanque chercher un Maître qu'il avoit dessein de servir, sans luy demander autre recompense, que la permission de pouvoir étudier.

Ces jeunes hommes s'informerent de luy s'il sçavoit lire; il leur dit qu'il avoit appris à lire & à écrire. Ce n'est donc pas faute de memoire, reprit un de ces Gentilshommes, que tu as oublié le nom de ton païs. Je ne sçay de quelle façon il m'est échapé, répondit-il, mais je ne diray jamais d'où je suis, ny qui sont mes

VIDRIERA.

parens, que je ne sois en estat de faire honneur à mon païs & à ma famille. Et de quelle maniere, repartit le Gentilhomme, pretens-tu les honorer? Par la science que je veux acquerir, dit ce jeune garçon; car j'ay oüy dire qu'un homme sçavant peut pretendre aux premieres dignitez de l'Eglise.

Les paroles de ce garçon obligerent ces deux Gentilshommes à le prendre & à le mener à Salamanque, où ils alloient apprendre leurs exercices, dans le dessein de le faire étudier. Alors il leur apprit son nom, & leur dit qu'il s'appelloit Thomas Rodaja. Estant arrivez à Salamanque, ils le firent habiller de noir, & l'envoyerent au College. L'attachement qu'il avoit à l'étude, ne luy faisoit pas manquer à la moindre chose du service qu'il devoit à ses Maîtres ; & en huit années qu'il fut avec eux, il donna tant de marques de son esprit, qu'il fut estimé & recherché de tout le monde. Il excelloit en la Jurisprudence ; il entendoit fort bien les belles Lettres, & dans les conversations sa memoire luy estoit si fidele, & il plaçoit si à propos ce qu'il disoit, que les personnes qui l'écoutoient en estoient surpris.

Quand ses Maîtres furent sortis de l'Academie, ils retournerent en leur païs, qui estoit une des plus belles Villes d'Andalousie, ils y menerent Thomas Rodaja; mais quand il y eust esté quelques jours, pressé du desir de retourner à Salamanque, il leur demanda son congé ; ils le luy accorderent, luy donnant en mesme temps une somme considerable pour s'y pouvoir entretenir quelques années. Les ayant quittez aprés leur avoir témoigné beaucoup de reconnoissance, il partit de Malaga (c'est le nom de la Ville où il estoit.) En descendant dans la valée de Zambra, il rencontra un Cavalier habillé magnifiquement, avec deux valets qui le suivoient à cheval. Ayant appris de luy qu'il alloit du mesme costé, il se mit en sa compagnie, l'entretenant par le chemin de plusieurs differentes choses. Le Cavalier qui estoit un galant homme, & qui avoit les manieres des gens de Cour, connut d'abord le merite de Thomas; il luy dit qu'il estoit Capitaine d'Infanterie, & que son Lieutenant levoit des gens à Salamanque pour faire sa Compagnie. Là dessus il se mit à parler de la vie agreable des soldats; il luy representa les plaisirs qu'ils y trouvoient, & comme il devoit aller servir en Italie, il ne manqua pas de luy peindre la beauté de Naples, les delices de Capoüe, l'abondance de Milan, & de luy exagerer la liberté extréme que les gens de guerre avoient dans ce païs-là ; mais il se garda bien de luy parler de leurs fatigues, de la faim, & des autres incommoditez qu'ils souffroient, & de tous les dangers où ils estoient ordinairement exposez. Enfin ce Gentil homme dit de si belles choses à Thomas touchant la guerre, qu'il luy fit presque changer le premier dessein qu'il avoit de continuer ses études à Salamanque. Dom Diegue de Valdivia (c'est ainsi que s'appelloit le Capitaine) ravy de la bonne mine & de l'esprit de Thomas, le pria de l'accompagner en Italie ; il luy offrit sa table & sa Lieutenance, parce que celuy qui l'avoit, devoit la quitter en peu de jours. Thomas trouva le party si bon, qu'il fut dans la resolution de le prendre, & pensant en luy-mesme qu'il est fort utile à un jeune homme de voir les Païs Estrangers, il fut sur le poinct d'accepter l'offre de ce Capitaine. Ce qui contribuoit à le confirmer dans ce dessein, estoit qu'il se voyoit encore jeune, & que quand il auroit passé quelques années à voir la Flandre & l'Italie, il pourroit toûjours facilement reprendre ses études.

Dans cette pensée il répondit au Capitaine qu'il estoit content de l'accompagner dans son voyage, mais qu'il n'avoit pas envie de prendre la Lieutenance qu'il luy offroit; qu'il vouloit estre libre, & en estat de s'en retourner quand ses affaires le rappelleroient en Espagne. Dom Diegue luy promit toutes les choses qu'il souhaitoit, & ayant lié entr'eux une amitié particuliere, ils furent en peu de jours au lieu où estoit sa Compagnie, qui commençoit à marcher du costé de Cartagene.

Ce fut alors que Thomas remarqua une partie des choses qui sont inseparables du métier de la guerre; il voyoit l'inquietude des Capitaines, les insolences des nouveaux soldats; il entendoit les plaintes des peuples, & il consideroit qu'il estoit presque impossible d'éviter toutes ces choses qui luy paroissoient extrémemét criminelles. Thomas avoit un habit de Cavalier, & ne se chargea d'autre Livre que d'un Garcilasse qu'il avoit dans sa poche. Ils arriverent à Cartagene plûtost qu'ils ne l'avoient crû, où ils s'embarquerent sur des Galeres qui alloient à Naples. Thomas étonné de la vie des gens de mer, ne pouvoit comprendre comment ils pouvoient la passer dans les fatigues & les tempestes continuelles ausquelles ils estoient exposez. Un orage furieux les prit au Golfe de Leon, & le vent les jettant premierement vers l'Isle de Corsegue, les poussa en suite du costé de Toulon, qui est vne Ville de

France. Enfin aprés avoir passé la nuit dans une crainte mortelle, ils arriverent à Gennes fort moüillez, où s'estant débarquez ils allerent se délasser dans une hôtellerie, & tascherent d'oublier dans la joye & dans la bonne chere toutes les fatigues qu'ils avoient euës.

Thomas estoit charmé des cheveux blonds des Dames de Gennes, & de la bonne mine des hommes; la beauté de la Ville & la magnificence des Palais le ravissoit. Le lendemain les soldats de Dom Diegue de Valdivia partirent pour aller en Piedmont; il ne voulut pas accompagner le Capitaine dans ce voyage, qu'il n'eust esté auparavant à Rome & à Naples, faisant dessein de revenir par Venise & par Milan, pour se rendre à l'endroit du Piedmont, où Dom Diegue luy promit de l'attendre, en cas qu'il ne fût pas commandé pour la Flandre, comme le bruit en couroit.

Quelques jours aprés Thomas prenant congé de Dom Diegue, fut à Luques, une des plus agreables Villes d'Italie, & où les Espagnols sont le plus aimez. De là il alla à Florence, sa situation & ses édifices superbes le ravirent; il y demeura pendant quelques jours pour voir à loisir toutes les beautez de cette Ville, d'où il ne sortit que pour aller à Rome.

Quand il y fut arrivé, il ne pouvoit cesser d'admirer ses Statuës de marbre rongées par le temps, ses Arcs de triomphe, ses Portiques fameux à demy abbatus, qui sont les restes des débris magnifiques de l'antiquité; il estoit charmé de voir dans cette grande Ville un concours perpetuel de toutes sortes de Nations.

Aprés y avoir esté quelques jours, & avoir visité tous les lieux Saints & remarquables, il partit pour Naples, qu'il trouva une des plus belles & des plus fortes Villes de l'Europe; en suite il passa en Sicile, il vit Palerme, charmante par sa situation; le Port de Messine luy parut admirable, & il consideroit avec étonnement l'abondance extréme de cette Isle, qui fournit du grain à toute l'Italie. Aprés il retourna à Naples, à Rome, & ayant visité Lorette, il s'embarqua à Ancone pour aller à Venise.

Cette Ville est bâtie dans le Golphe Adriatique, toutes ses ruës sont pleines d'eau, & elle est parfaitement semblable à la nouvelle Venise qui est dans le Mexique. Il vit avec étonnement ses grandes richesses, l'abondance qu'on y trouve de toutes choses, il visita son Arsenal fameux, où l'on fait toûjours une infinité de Galeres ; enfin il y découvrit tant de choses dignes de cette grande reputation qu'elle le a par toute la terre, qu'il y demeura plus d'un mois, oubliant parmy les beautez de cette Ville, le premier dessein qu'il avoit eû; neantmoins il en sortit pour aller à Milan, d'où il fut à Ast; il y trouva le Regiment qui devoit partir le lendemain pour la Flandre; il fut receu avec joye du Capitaine Valdivia, qu'il accompagna. Il fut à Anvers, à Gant, & à Bruxelles, & il vid dans tout le païs beaucoup de troupes qui se preparoient pour se mettre en campagne le Printemps suivant.

Comme il avoit fait le voyage d'Italie, & qu'il avoit esté en toutes les Villes qu'il avoit souhaité de voir, il voulut retourner en Espagne pour y achever ses études. Il dit son dessein à Dom Diegue son amy, de qui il prit congé quelques jours aprés, luy ayant promis de luy écrire lors qu'il seroit arrivé, il retourna à Salamanque, où il trouva encore ses anciens amis, avec qui il continua ses études jusqu'à ce qu'il fut Docteur.

En ce temps-là il arriva à Salamanque une Dame qui estoit fort galante, elle fut d'abord visitée de plusieurs personnes, & comme elle disoit qu'elle venoit d'Italie, on y mena Thomas pour voir s'il la connoistroit. Cette Dame le voyant, en fut d'abord touchée, & trouvant une occasion favorable elle luy découvrit ses sentimens, & luy offrit tout son bien. Comme il avoit un grand attachement pour les sciences, il ne sentoit aucune inclination pour cette femme, & ne pouvoit se resoudre à l'aimer. Elle se voyant méprisée, & jugeant bien qu'elle ne pourroit jamais venir à bout de ses desseins par les moyens ordinaires, elle s'avisa d'en prendre d'autres qui luy paroissoient infaillibles.

Une More de ses amies, qui donnoit des breuvages d'amour, luy en prepara un, qu'elle remit à cette Dame, pour le faire prendre à celuy qu'elle voudroit, l'assurant qu'elle en seroit aimée, sans qu'il pûst jamais s'en deffendre.

D'abord que Thomas eût pris ce breuvage, il frapa des pieds & des mains comme un homme qui entre en fureur; & ayant demeuré quelque temps en cét estat, il revint à luy avec des regards farouches, disant que le breuvage que cette Dame luy avoit donné, estoit la cause de son mal. La Justice qui eut avis de ce qui s'estoit passé, fut pour se saisir de la Dame; mais elle voyant le mauvais succez avoit disparu, & on ne la vid plus dans la Ville.

Thomas fut six mois dans le lit, le visage extrémement défait, & avec un trouble continuel dans l'esprit; neantmoins on luy donna tant de remedes, qu'à la fin on le guerit; mais il luy resta une folie la plus étrange qu'on puisse imaginer. Il disoit qu'il n'estoit pas fait comme les autres hommes, mais qu'il avoit le corps de verre; & il prioit tous ceux qui luy parloient, de ne pas l'approcher, de peur de le luy casser. Quelques-uns de ses amis pour luy guerir l'imagination, ne laissoient pas de l'aller embrasser, luy disant qu'il voyoit bien que son corps n'estoit pas de verre, & qu'il ne se cassoit point. Neantmoins on ne pouvoit rien gagner sur son esprit, & se débarrassant avec violence des bras de ceux qui le tenoient, il faisoit des cris terribles, qui estoient suivis d'un long évanoüissement, d'où il n'estoit pas plûtost revenu, qu'il redoubloit ses prieres à tous ses amis, de ne le pas toucher ; qu'il sçavoit bien qu'il n'estoit que de verre. Il les supplioit avec instance de luy parler toûjours de loin, qu'ils luy demandassent ce qu'ils voudroient ; qu'estant fait d'une matiere claire & transparante, il leur répondroit plus nettement que les autres hommes, qui avoient un corps plus pesant & plus massif que le sien.

Quelques personnes pour se divertir, luy proposoient des questions assez difficiles ; mais ils estoient fort surpris d'entendre ses réponses, qui étoient justes & pleines d'esprit ; ce qui étonna sur tout, les Philosophes de Salamanque, qui ne pouvoient comprendre comment un homme aussi fol que l'estoit Thomas, pouvoit dire des choses si solides.

Un jour il les pria de luy donner un estuy pour mettre son corps, de peur que quelque chose ne le cassast. On luy apporta pour le contenter, une robe minime qu'il ceignoit d'un cordon de laine; il ne se servoit point de souliers, on ne luy donnoit à manger que dans un pot qu'il avoit attaché au bout d'un baston ; il ne vouloit ny de la chair, ny du poisson, mais il se contentoit de fruit ; il ne beuvoit jamais qu'à une fontaine, où il prenoit de l'eau avec la main. Quand il alloit par la Ville, il marchoit au milieu des ruës, regardant toûjours en haut pour voir si quelques tuilles ne se détachoient point, pour tomber sur luy & pour le mettre en pieces.

Durant l'Esté il couchoit en pleine campagne, & l'Hyver il se mettoit toutes les nuits dans du foin, disant qu'il n'y avoit point de lit plus commode pour un homme qui estoit de verre.

Ses amis le tinrent long-temps enfermé, mais voyant que sa folie duroit, ils le laisserent aller en liberté dans la Ville, où il donnoit de la compassion à tout le monde. Les enfans le suivirent d'abord,

bord, & quelque chose qu'il fist pour les éloigner de luy, il n'en pût jamais venir à bout. Ils luy jettoient des pierres pour voir s'il estoit de verre, ce qui l'obligeoit à leur dire des injures, & à prier ceux qui passoient d'empescher leur insolence. Plusieurs personnes le suivoient pour entendre ses paroles.

Passant un jour dans la friperie de Salamanque, une femme luy ayant dit qu'elle estoit si touchée de sa folie, qu'elle n'en pouvoit pleurer: Filles de Hierusalem, luy répondit Vidriera, en se tournant de son costé, pleurez sur vous, & sur vos enfans. Son mary comprenant par cette réponse, que Vidriera vouloit dire que les Fripiers de Salamanque estoient Juifs: Docteur, luy dit-il, vous estes plus malin que vous n'estes fol. Je m'en soucie peu, luy repartit Vidriera, pourveu que je ne sois pas sot.

Se trouvant dans le quartier des femmes galantes, & voyant que plusieurs d'elles estoient sur leur porte, il dit à un de ceux qui le suivoient: Voila le bagage des troupes du diable.

Un homme luy demandant un jour conseil pour sçavoir s'il devoit aller chercher sa femme qui l'avoit quitté pour suivre son galant: Loüez plûtost le Ciel, luy répondit le Docteur, d'avoir permis qu'on tirast de vostre maison vostre plus cruelle ennemie. Il ne faut donc pas que je la cherche, repliqua cét homme : Gardez-vous-en bien, dit Vidriera. Si vous estiez assez mal-heureux pour la trouver, vous auriez toûjours devant vos yeux la cause de vos chagrins.

Un autre homme luy demanda ce qu'il pourroit faire pour vivre en paix avec sa femme : souffrez qu'elle soit maîtresse de tous ceux de vostre maison, luy répondit le Docteur, mais qu'elle ne soit jamais la vostre.

Docteur, luy dit un jeune garçon, mon pere me maltraite souvent, & je suis dans la resolution de le quitter.

N'en faits rien, luy dit il, il vaut mieux que ton pere te châtie preſentement, que la juſtice un jour.

Il diſoit que ceux qui enſeignent les enfans avoiẽt le bonheur d'eſtre toûjours avec des Anges, mais qu'il les eſtimeroit tres heureux ſi ces Anges n'eſtoient pas ſi importuns.

Les réponſes que faiſoit Vidriera, le firent connoiſtre dans toute la Caſtille, & un grand Seigneur de la Cour ayant envie de le voir, écrivit à un de ſes amis qui eſtoit à Salamanque, de faire en ſorte qu'il le luy envoyaſt.

Cét amy le rencontrant un jour, luy dit qu'un homme de la Cour déſiroit extrémement de luy parler : Je vous prie, répondit Vidriera, de m'excuser envers luy. Je ne suis point propre à la Cour, je manque d'effronterie, & de plus je ne sçay ny flatter ny mentir; neantmoins malgré toutes les choses que Vidriera pût dire pour s'empescher d'aller à Madrid, ce Gentil-homme le fit mettre dans un de ces paniers, où l'on porte du verre : Il le fit environner de foin jusqu'au col, & l'envoya en cét estat au Seigneur qui le demandoit: Il le receut avec joye, & luy demanda si le chemin l'avoit beaucoup fatigué. Est-ce qu'il y a quelque chemin qui fatigue, luy répondit il, que celuy qui meine pendre ? Il asseuroit que la chasse estoit le divertissement des Princes, mais que de toutes, celle du liévre luy plairoit le plus, pourveu qu'on eust des chiens qu'on ne nourrist point.

Ce Seigneur prenoit plaisir à ses paroles, il le laissa aller par la Ville, & de peur que les enfans ne luy fissent quelque injure, il luy donna un homme pour le conduire. Il répondoit par les ruës à toutes les choses qu'on luy proposoit, & en peu de jours il fut connu de tout le monde.

Un jour un Docteur luy demandant s'il estoit Poëte, qu'il avoit l'esprit fort propre pour une semblable occupation : Je n'ay jamais esté si sot, ny si heureux, luy dit Vidriera.

Comme celuy qui l'interrogeoit ne comprenoit rien en sa réponse : Je n'ay jamais esté si sot, reprit-il, que de faire de meschants Vers, & je n'ay pas encor eü le bonheur d'en faire d'excellens pour meriter le nom de Poëte. Cét homme luy demanda s'il estimoit ces sortes de gens : Je fais grand cas de la Poësie, répondit-il, mais point du tout des Poëtes. Il y en a tant de méchants, & si peu de bons, que les derniers à mon avis ne faisant pas nombre, j'ay raison de dire que je n'en estime pas un.

Pour ce qui est de la Poësie,

continua-il, il n'y a rien de plus beau, ny de plus grand, elle enferme toutes les sciences, elle se sert de toutes choses pour embellir ses ouvrages, & en charmant l'esprit par mille traits admirables, elle instruit & polit ceux qui sont capables de les connoître; & afin de mieux marquer l'estime qu'il avoit pour les bons Poëtes, il redisoit souvent ces vers d'Ovide.

Les Poëtes autrefois
Cheris & prisez des Rois,
Estoient l'objet de leurs caresses,
Et se voyoient comblez d'honneurs & de richesses.

Je sçay aussi, ajoûtoit-il, le

nom que Platon leur donne, d'Interpretes des Dieux, Ovide dit,

Les Poëtes des Dieux sont les vrais Interpretes,
Les Dieux aussi prennent soin des Poëtes.

Mais pour les meschants Poëtes, il disoit qu'on n'en pouvoit avoir que du mépris, & que pour en reconnoistre un de cét ordre, il ne falloit que l'entendre parler lors qu'il vouloit montrer quelque piece qu'il avoit faite.

Je fis hier au soir en me divertissant (disoit-il) un Sonnet, quoy qu'à mon avis il ne soit rien, neantmoins il a je ne sçay quoy de piquant & de joly ; & là dessus il se mord les lévres, & mettant la main dans sa poche, il en tire plusieurs vilains papiers où il y a d'autres Vers de son stile, parmy lesquels il trouve enfin le Sonnet dont il s'agit. Il le lit d'un ton grave & pompeux, & l'ayant achevé, s'il voit que personne ne le louë: Il faut, dit-il, que vous ne m'ayez pas écouté, ou que je ne sçache pas bien lire. Je m'en vas recommencer, soyez attentifs je vous prie, car en verité le Sonnet en vaut la peine. En suite il le relit posément, & n'oublie rien de tout ce qui est necessaire pour le faire estimer. Quel plaisir de les voir se décrier les uns les autres, de les entendre dans

VIDRIERA.

les conversations, où ils ennuyent tout le monde par leurs médisances. Il arrive mesme, que les plus jeunes sont assez temeraires pour attaquer les ouvrages des Anciens dont ils condamnent le sujet, quoy qu'il soit grand, & toutes les beautez de leurs pieces; parce qu'ils ne sont pas capables d'en estre touchez.

Une autre fois on luy demanda pour quelle raison la plus grande partie des Poëtes estoit pauvre; il répondit qu'il ne dépendoit que d'eux d'estre riches, parce qu'ils estoient toûjours avec des Dames qui avoient des cheveux d'or, un front d'argent, des yeux d'émeraudes, des lévres de corail. Quand elles pleuroient, au lieu de larmes elles ne laiſſoient tomber que des perles ; leur haleine ſentoit l'ambre, & quelque ſterile que fuſt l'endroit où elles paſſoient, d'abord qu'elles y avoient mis le pied il naiſſoit ſous leurs pas une infinité de jaſmins & de roſes. C'eſt ainſi qu'il ſe moquoit des mauvais Poëtes, ſans manquer pourtant d'eſtime pour les bons.

Il vid dans une ſalle un tableau mal fait, & l'ayant bien conſideré, il dit que les bons Peintres imitoient parfaitement la nature, mais que les mauvais la défiguroient.

Voyant venir la Juſtice qui alloit punir des criminels, le Greffier dit que le premier estoit un voleur.

Vidriera ayant oüy ces paroles, cria à tous ceux qui estoient presens de se retirer, qu'il ne faisoit pas là bon pour eux.

Il disoit que les Charretiers passoient leur vie à crier, & que quand il falloit tirer leur charette d'un mauvais pas, ils croyoient qu'ils ne le faisoient jamais mieux qu'en jurant.

Les Matelots luy estoient insuportables, il disoit qu'ils estoient agissans dans la bonace, mais fort paresseux pendant la tempeste, & que leur plus grand divertissement estoit de voir ceux qu'ils menoient dans leur Vaisseau, tarmentez par la Marine.

Un homme l'arresta un jour dans une ruë, pour sçavoir de luy ce qu'il falloit faire pour n'envier personne : Dormez, luy dit Vidriera, & vous ne serez point envieux.

Il parloit aussi contre les gens de Justice, qui ne faisoient pas leur devoir : Il disoit qu'un de ses amis estant Juge en une matiere criminelle, rendit une Sentence plus rude que le crime ne meritoit ; afin, dit-il, que l'on en appellast, & que l'affaire estant portée devant les Juges Souverains, ils pussent à leur tour faire leur compte comme il l'avoit fait.

S'approchant un jour de la boutique d'un Tailleur, & voyant le Maistre qui n'avoit point d'habits à faire : Vous voilà, luy dit Vidriera, dans le chemin de salut. Et à quoy le connoissez-vous, luy demanda le Tailleur : C'est, luy répondit-il, que vous n'avez rien à faire.

Un jour une troupe de gens qui estoient de Gennes, le voyant passer dans une place, l'appellerent, & s'estant approché, ils luy dirent de leur faire un conte : J'aurois peur, leur répondit Vidriera, que vous ne me le fissiez passer à Gennes.

Rencontrant une Merciere qui menoit une fille extrémement laide, & qui estoit toute couverte de diamans & de perles, il dit qu'on pouvoit appliquer à cette fille, ce qu'on disoit ordinairement de celles qui luy ressembloient, qu'elle estoit richement laide.

Un Comedien passant par la ruë où il estoit, il dit qu'il se souvenoit d'avoir vû cét homme sur le Theatre, le visage enfariné, qu'il s'étonnoit qu'il fust habillé si magnifiquement, & qu'à tout moment il jurast foy de Gentil-homme.

Il faut qu'il soit noble, luy répondit un autre, puis qu'il jure de cette maniere, & il n'est pas extraordinaire de trouver des Comediens de bonne maison.

Je n'en disconviens pas, dit Vidriera, neantmoins le Theatre ne demande point de Gentils-

Gentils-hommes pour representer les Comedies, mais de gens plaisans, qui sçachent divertir le monde.

Il ajoûtoit, que les Comediens avoient un métier fort rude; qu'ils estoient obligez d'apprendre une infinité de choses, de courir dans plusieurs Villes, & de trouver le moyen de contenter les spectateurs, parce que le bien qu'ils pouvoient gagner dépendoit de leur goust.

Il disoit qu'ils ne trompoient personne, puisque faisant la Comedie dans les places publiques, ils exposoient leurs marchandises aux yeux de tout le monde.

Enfin, continuoit-il, les Comedies sont necessaires,

comme les jardins & les autres choses qui donnent un honneste plaisir.

Il disoit qu'il avoit oüy dire à un de ses amis, que celuy qui servoit une Comedienne servoit en elle seule plusieurs personnes differentes, car il estoit tantost à une Reine, tantost à une Nymphe, ou à une Deesse, puis à une Bergere, & souvent à un Gentilhomme, parce qu'elle representoit tous ces divers personnages.

Estant un jour interrogé qui estoit l'homme parfaitement heureux: Celuy qui connoist les choses du monde, répondit-il, & qui n'en desire pas une; car en les connoissant, son esprit est remply de lumieres; & en ne desirant rien, il a le cœur exempt de toute sorte de passion.

Il s'étendoit contre la paresse & l'ignorance des Procureurs, qui estoient toûjours payez, soit qu'ils eussent perdu, ou qu'ils eussent gagné la cause de leur partie; sur tout il ne vouloit pas qu'ils se mariassent jamais, parce qu'ils ne pouvoient engendrer que des procez.

Oyant dire à un homme que sa femme estoit malade depuis qu'elle estoit venuë à Madrid, à cause de l'air qui ne luy estoit pas bon: Il vaudroit mieux, luy dit Vidriera, en se tournant de son costé, qu'elle fust morte, que si elle avoit de la jalousie.

Se rencontrant un matin dans une Eglise où l'on devoit enterrer un vieillard, baptiser un enfant, & donner le voile de Religieuse à une fille ; il dit que les Temples estoient des champs de batailles où les vieillards achevoient leurs courses glorieusement, où les enfans commençoient à vaincre, & où les filles triomphoient.

Comme il parloit, une abeille le piqua au col ; il n'osoit la chasser, de peur de casser son corps, qu'il croyoit toûjours estre de verre. Un de la Compagnie luy demanda s'il sentoit la piqueure, luy qui estoit de verre:

Il répondit, que l'abeille estoit semblable aux médisans, dont la langue pouvoit mettre en pieces un corps de bronze.

Il s'emportoit toûjours contre ceux qui tiennent Academie de jeu, si ce n'est que ces jeux fussent permis. Il loüoit neantmoins la patience d'un joüeur, qui passant toute une nuit à joüer & à perdre, n'osoit dire une seule parole, quoy qu'il fust outré de colere contre la fortune, de peur que son compagnon ne le quittast.

Un Professeur de Philosophie se moquant de ceux qui estimoient les réponses de Vidriera, le voulut aller interroger luy-mesme, pour se divertir.

Il luy demanda lequel de tous les animaux approchoit le plus de l'homme: Vidriera connoissant à son air, qu'il luy faisoit cette question pour se moquer de luy; C'est un Philosophe, luy répondit-il gravement.

Cette réponse, dont l'application fut d'abord faite au Professeur par tous ceux qui l'oüirent, étourdit si fort le Philosophe, qu'il le quitta tout confus sans luy oser plus rien dire.

Une Dame l'ayant fait venir chez elle pour luy faire des questions, elle luy demanda ce que c'estoit que l'amour : Un homme de la compagnie répondit d'abord, que c'estoit l'occupation des gens qui n'avoient rien à faire. C'est à dire, reprit Vidriera, en le regardant, que quelques affaires qu'ait un homme qui devient amoureux, il les quitte toutes, pour ne vaquer qu'à celle-là. La mesme personne luy repliqua, qu'il ne sçauroit nier que l'amour ne fust une folie: Il est vray, dit Vidriera, mais c'est la seule folie dont les gens sages sont capables.

Un railleur se trouvant present, luy fit plusieurs propositions ridicules, ausquelles Vidriera ne daigna pas répondre. Comme il vit qu'il ne pouvoit tirer de luy un seul mot : Au moins, luy demanda-il, apprenez-moy ce que c'est qu'une bonne compagnie : C'est celle, luy dit Vidriera, où vous n'estes point.

Cette Dame chez qui il estoit, prenant la parole, luy dit en riant : Pourquoy il se mocquoit de cét honneste homme. Je ne m'en mocque pas, répondit-il, mais je le méprise.

On luy demanda ce qu'estoit la beauté d'une femme ; il dit que c'estoit la foiblesse d'un homme, puis qu'une femme n'estoit belle qu'à proportion qu'un homme estoit assez foible pour l'aimer. Et la chose la plus difficile à faire, quelle est-

est-elle ? C'est de ne rien desi-rer, dit Vidriera.

Un homme de qualité qui ne trouvoit pas les réponses de ce Docteur trop mauvaises, luy voulut faire à son tour, une question. Il luy demanda en quoy consistoit la plus haute perfection d'un homme vertueux. C'est, répondit-il, d'oublier ses bonnes quali-tez.

Un jeune homme bien fait & de bonne mine, le priant de luy dire quel estoit le plus grand charme qu'on pouvoit avoir pour estre aimé : C'est d'aimer, reprit Vidriera. Et la plus grande peine, re-prit-il, que puisse sentir une femme, quelle est-elle ? C'est d'aimer sans estre aimée, répondit le Docteur.

Un homme riche se trouvant dans la mesme compagnie, croyant bien l'embarasser par ses questions, luy demanda quelle estoit la chose que les gens riches ne faisoient que rarement ? C'est d'accorder une faveur de bonne grace, répondit Vidriera. Et la raison, reprit celuy qui luy parloit ; c'est qu'ils n'usent presque jamais bien de leurs richesses, luy dit-il.

La Dame qui l'avoit fait venir chez elle, voyant que cét homme ne luy parloit plus, & qu'il paroissoit mal satisfait de sa réponse, luy dit qu'il n'estoit gueres propre à la Cour : J'en conviens, dit

Vidriera, car je ne suis point Poëte. Est-ce que les Poëtes sont Courtisans, reprit la Dame? Ils le sont, repliqua le Docteur, parce que leur métier est de feindre.

Enfin Vidriera disoit des choses si agreables & si solides, que sans les cris qu'il faisoit quand on s'approchoit de luy, & quelques autres manieres extravagantes qu'il avoit, on l'auroit pris pour un homme fort sage.

Sa folie dura deux ans, au bout desquels un Religieux de l'Ordre de saint Hierosme, qui avoit le secret de faire revenir l'esprit à ceux qui l'avoient perdu, poussé de charité pour Vidriera, prit un si grand soin de luy, qu'il le guerit de sa folie, & luy rendit entierement la raison. Il luy donna un habit d'un homme d'étude, & luy persuada de retourner à la Cour pour effacer les mauvaises impressions qu'il y avoit laissées de sa folie.

Vidriera suivit son conseil, aprés avoir changé le nom qu'il avoit de Rodaja en celuy de Rueda. D'abord qu'il y parut, on commença à le reconnoître, & luy voyant un habit different de celuy qu'il portoit autrefois, on se demandoit l'un l'autre, si ce n'estoit pas Vidriera. Est-il possible, disoit-on, qu'il ne soit plus fou ? Suivons-le, & sçachons-en la verité.

Vidriera qui entendoit tout

ce qu'on difoit de luy, en avoit de la confufion, & paffoit fans rien répondre. Avant qu'il fut arrivé à la Cour, il fut fuivy d'une grande quantité de gens, de toute forte de condition.

Il crût que le moyen de fe délivrer d'une fuite qui luy paroiffoit fort incommode, eftoit de leur parler & de leur faire connoiftre qu'il n'eftoit plus ce Vidriera, tel qu'ils l'avoient vû autrefois. Il leur dit que le Ciel luy avoit rendu la raifon, u'il eftoit venu à la Cour pour y chercher quelque fortune. Il les pria de ne point le fuivre, comme s'il eftoit encore fou ; que s'ils vouloient luy faire des questions, qu'ils ne l'arrestassent pas au milieu de la ruë, mais qu'ils pouvoient venir chez luy, qu'il taſcheroit de les contenter.

Quelques-uns de ceux qui l'avoient écouté le laiſſerent, ſans l'inquieter davantage, mais les autres le ſuivirent juſques dans ſa maiſon ; & le lendemain, malgré toutes les choſes qu'il leur pûſt dire, ils coururent aprés luy, comme à l'ordinaire. Il fut quelque temps à la Cour, & ne trouvant pas le moyen de faire la moindre fortune, il reſolut d'aller en Flandres paſſer à la guerre le reſte de ſa vie.

En partant, ô Cour, dit-il,

qui recompenses si bien le vice, & qui connois si peu la vertu, je t'abandonne, avec le seul regret qui me reste, de m'estre laissé éblouïr à ta fausse grandeur.

Il retourna auprés de son amy le Capitaine Dom Diegue de Valdivia, & il combatit dans les occasions les plus dangereuses avec tant de prudence & de valeur, qu'il s'acquit la reputation d'un tres brave soldat, qui dure encore aprés sa mort.

Fautes à corriger dans ce premier Tome.

Page 11. ligne 20. j'aperçoy *lis.* j'aperçois. Pag. 65. l. 16. avant que te marier, *lis.* avant que de te marier. Page 93. l. 16. comme devant moy faisoit autrefois un Poëte, *lis.* comme un Poëte faisoit autrefois devant moy. Pag. 104. l. 12. mourir de douleur, *lis.* mourir de déplaisir. Page 112. lig. 16. auant que luy faire, *lisez* avant que de luy faire. Page 138. lig. 16. je me souviens, *lisez* je me souvins. Page 181. l. 15. a découvert qui j'estois, *lis.* qui je suis. Pag. 207. elle leur raconta en particulier l'histoire, *lis.* elle leur raconta l'histoire. Pag. 248. lig. 14. peindre, *lis.* dépeindre. Pag. 264. regardant toûjours en haut pour voir si quelques tuilles, *lis.* regardant toûjours en haut si quelques tuilles.

www.ingramcontent.com/pod-product-compliance
Lightning Source LLC
Chambersburg PA
CBHW071527160426
43196CB00010B/1685